Eduardo Bueno

D0925526

Brasil: Terra à Vista!

A Aventura Ilustrada do Descobrimento

www.lpm.com.br

L&PM POCKET

Sumário

Coleção **L&PM** POCKET, vol. 323

Projeto gráfico: Ivan Pinheiro Machado
Capa: Marco Cena sobre projeto gráfico de Patricia Sartori (Design Nacional)
Revisão final: Jó Saldanha e Renato Deitos
Ilustrações especiais: Edgar Vasques
Mapas e infográficos: Fernando Gonda

ISBN: 85.254.1258-9

B928b   Bueno, Eduardo
            Brasil: terra à vista: a aventura ilustrada do descobri-
        mento/ Eduardo Bueno; ilustrações de Edgar Vasques. --
        Porto Alegre: L&PM, 2003.
            136 p. ; il. ; 17 cm. -- (Coleção L&PM Pocket)

            1.Brasil-História-Descobrimento. 2.Vasques, Edgar, il.
        I. Título. II.Série.

                                                CDD 981
                                                CDU 981.013

Catalogação elaborada por Izabel A. Merlo, CRB 10/329.

Brasil: Terra à Vista!

A Aventura Ilustrada do Descobrimento

A Visão da Proa

Foi como uma miragem em um deserto de águas salgadas. Após 44 dias entre o mar e o céu, o horizonte deixou de ser uma linha longínqua na qual o azul-celeste imaculado encontrava o azul revolto de um oceano sem fim.

No último ponto que os olhos podiam vislumbrar, erguia-se, agora, a silhueta verdejante de uma pequena serra, pontilhada pelo cume de um monte "mui alto e redondo". Em breve, o aroma das flores e dos frutos não precisaria mais ser imaginado: seria sentido. Os homens acotovelaram-se na amurada das naus, com os olhos postos de encontro ao céu crepuscular. A terra, enfim, estava à vista, como uma visão do paraíso. Parecia miragem – mas era real.

Com as cores do entardecer tingindo a cena de dourado, os 12 navios da frota comandada por Pedro

Álvares Cabral prosseguiram seu avanço. Era 22 de abril de 1500, e a maior esquadra já enviada para singrar o Atlântico encontrava-se a cerca de 60 quilômetros de uma costa desconhecida. Seria ilha ou terra firme? Provavelmente ilha, julgaram os marujos mais experientes – uma das tantas, reais ou lendárias, que povoavam as imensidões do chamado Mar Tenebroso. A frota avançou cautelosamente a uma média de cinco quilômetros por hora e lançou âncoras. Elas mergulharam 34 metros antes de se acomodarem nas claras areias do fundo. Estava descoberto o Brasil. Um novo mundo amanhecia.

Os Sargaços

Os primeiros sinais de que a frota de Cabral estava prestes a descobrir o Brasil foram os "sargaços", grandes mantos de algas flutuantes que, segundo os marinheiros, indicavam a proximidade de terra.

As Gaivotas

Antes de avistar o monte Pascoal, os marinheiros de Cabral viram um bando de pássaros marinhos. As aves da anunciação do Brasil eram "furabuchos", um tipo de gaivota bastante comum no Atlântico.

A Visão da Praia

Foi como uma miragem bailando sobre as águas salgadas. Após uma seqüência infindável de dias iguais, o horizonte já não era uma linha longínqua e vazia. No último ponto que os olhos podiam vislumbrar, surgiam, agora, estranhas silhuetas. Pareciam montanhas flutuantes singrando o oceano. Os homens acotovelaram-se à beira-mar, com os olhos postos de encontro ao céu matinal para vislumbrar a mais espantosa novidade de suas vidas. Que tipo de canoas seriam aquelas, que pareciam ter asas tão brancas e tão amplas e que avançavam junto com o sol? Trariam boas novas ou más notícias? Vinham em paz ou prontas para a guerra? Parecia miragem – mas era real.

Com as cores do amanhecer tingindo a cena de dourado, os seis ou sete homens que estavam na praia juntaram seus arcos e flechas e se prepararam para um encontro com os desconhecidos. De onde viriam os recém-chegados? De uma ilha ou de alguma terra além-mar? Vinham provavelmente da Terra Sem Males, julgaram os mais experientes: o lugar onde todos eram felizes e ninguém morria, e que ficava para lá da imensidão das águas salgadas. Os nativos avançaram cautelosamente e, após alguma hesitação, depuseram as lanças. Elas acomodaram-se nas claras areias da praia. Uma nova era estava se iniciando em Pindorama, a Terra das Palmeiras. Um velho mundo estava prestes a desaparecer.

Montanhas Flutuantes

Os nativos do Brasil não deixaram registro escrito do primeiro encontro com os portugueses. Mas os astecas, do México, ao verem os navios espanhóis acharam que pareciam "montanhas flutuantes". Os tupis podem ter pensado a mesma coisa.

Paraíso Terrestre

A Terra Sem Males dos nativos do Brasil era um território mitológico. Pindorama, onde os índios viviam, devia ficar nas proximidades, mas com certeza não era o paraíso, pois ali as pessoas ainda lutavam, sofriam e morriam.

O Primeiro Encontro

Os homens que estavam nos navios eram portugueses. Um mês e meio antes, tinham partido de Lisboa em direção à longínqua Índia. Ainda não é possível afirmar se chegaram àquela praia ensolarada por vontade própria ou por um desvio de rota, mas o mais provável é que o desembarque tenha sido intencional. Os portugueses estavam vestidos, usavam barbas, tinham armas de fogo e ferro e já haviam encontrado e conquistado vários povos e várias terras. Seu objetivo era conquistar a Índia, mas eles aproveitaram para tomar posse daquele novo território e incluí-lo em seu vasto império ultramarino. Evidentemente, o fizeram sem consultar os homens que estavam na praia.

Os Tupis-Guaranis

Os Tupiniquins eram um dos ramos da grande família tupi-guarani. No início da era cristã, os tupis tinham iniciado uma grande migração em busca de um paraíso na Terra. Não o alcançaram, mas conquistaram a bela Pindorama.

Os homens que estavam na praia eram tupiniquins. Uns dois mil anos antes, tinham partido dos vales dos rios Madeira e Xingu (afluentes da margem direita do Amazonas), em busca de uma longínqua Terra Sem Males. Não a acharam, mas acharam Pindorama, a Terra das Palmeiras. Os tupiniquins estavam nus, raspavam os pêlos e usavam armas de pau e pedra. Com elas, haviam conquistado aquelas praias ensolaradas, expulsando para o sertão os antigos senhores da costa, os tapuias. Na manhã de 23 de abril de 1500, a visão dos homens que estavam na praia e a visão dos homens que estavam na proa começaram a se fundir. Dali iria nascer um novo mundo, chamado Brasil.

Os Cristãos

Os portugueses eram europeus e cristãos. As velas de seus navios eram adornadas pela cruz da Ordem de Cristo. Eles acreditavam na existência de um paraíso na Terra e, naquela manhã, alguns deles devem ter achado que tinham chegado lá.

As Origens de Portugal

Para entender mais plenamente como e por que a frota comandada por Cabral chegou ao Brasil naquele fim de tarde de 22 de abril de 1500, é melhor empreender uma viagem no tempo e retornar até a aurora de Portugal. Tido como "um jardim sobre o Atlântico debruçado", Portugal é o território mais ocidental da Europa. Desde o início, sua história esteve diretamente ligada àquele enigmático oceano. Povos navegadores do Mediterrâneo foram os primeiros a

Torre de Belém (1515-1519), avançando sobre o Rio Tejo no bairro de Belém, em Lisboa. A última visão de Portugal para os marinheiros que se faziam ao mar e a primeira para os sobreviventes que retornavam.

colonizá-lo. Os fenícios, vindos do Líbano, fundaram colônias ali no século VII antes de Cristo. Gregos e cartagineses chegaram no século seguinte, trazendo vinhos e azeite (símbolos de civilização, em oposição à cerveja e gordura animal – tidas como "bárbaras"). No século III a. C., em guerra contra Cartago, os romanos conquistaram a Península Ibérica (onde se localizam os atuais Portugal e Espanha), dando início à efetiva colonização do território, que chamaram de Portus Calle (ou "Porto da Gália"). Os romanos venceram os lusitanos, antiga tribo que vivia às margens do Rio Douro, e também sobrepujaram os celtas, instalados mais ao norte. Pelos sete séculos seguintes, Roma iria controlar os destinos de Portugal. Com a decadência do Império Romano, a Península Ibérica foi invadida pelos "bárbaros" da Europa central: os suevos, vândalos e visigodos. Todos queriam controlar a terra que oferecia saída para um vasto oceano.

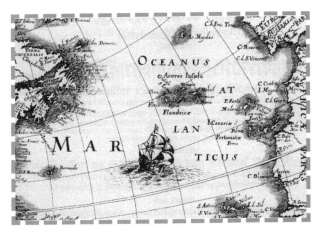

A Colonização de um Continente

Para entender melhor como e por que os homens que Cabral encontrou naquela manhã de 23 de abril de 1500 tinham chegado àquelas praias, é melhor empreender uma viagem no tempo e retornar até o início da ocupação do continente que – logo após a descoberta do Brasil – os europeus iriam batizar de América. Povos nômades vindos da Ásia, através do Estreito de Bering, teriam sido os primeiros a colonizar o vasto território, em data ainda desconhecida, talvez por volta de 40 mil anos atrás. Um desses povos deu origem aos tupis-guaranis, uma das sete grandes famílias que constituíam o grupo lingüístico Macro-Tupi. No início da Era Cristã, os tupis-guaranis começaram a migrar através dos vales de alguns afluentes do Rio Amazonas. Embora de fundo religioso, a migração deu-se por causa de crescimento demográfico e da desertificação do território tribal. Os tupis chegaram ao litoral do Brasil e dali expulsaram os tapuias ("os outros", em tupi). Os tupis cultivavam mandioca e milho – símbolos de civilização – e, por isso, eram mais evoluídos que os

tapuias, coletores e caçadores que eles consideram "bárbaros". Os tapuias (que eram do grupo lingüístico Jê) já haviam expulsado da praia seus habitantes originais, os chamados "homens dos sambaquis". O litoral era rico em peixes, crustáceos e sal. Todos queriam controlar a região, que oferecia vastos e nutritivos recursos alimentares.

Vários artistas estrangeiros se aventuraram ao Novo Mundo no século XVI e meados do século XVII para retratá-lo ou descrevê-lo. Entre eles, destacam-se o Frei francês Andre Thevet (1502-1590), o alemão Hans Staden (1520-?) e os franceses Jean de Léry (1534-1613?) e Theodore De Bry (1527-1598). O legado destes aventureiros é um conjunto de imagens de enorme valor histórico.

Ilustrações que fazem parte de um conjunto de xilogravuras de Jean de Léry publicada em Genebra em 1600, que retratavam a vida dos índios tupinambás.

O Mar no Meio da Terra

A civilização européia é, em boa parte, uma civilização mediterrânea. Às margens do Mediterrâneo ("mar no meio da terra"), a humanidade desenvolveu técnicas de navegação, aprimorou o comércio e construiu cidades. Portugal não é banhado pelo Mediterrâneo, mas pelo oceano ("mar circundante") batizado de Atlântico. Para chegar por mar a Portugal, era preciso atravessar as Colunas de Hércules (o atual Estreito de Gibraltar) e entrar no Atlântico. Os fenícios forjaram a lenda segundo a qual o Atlântico era um Mar Tenebroso, vigiado por um dragão. Os fenícios eram originários da margem sul do Mediterrâneo, região que, a partir do século VI, ficaria sob a influência do Islã. A margem norte era território cristão. Cristãos e muçulmanos (seguidores do Islã) tornaram-se inimigos irreconciliáveis.

No ano de 711, árabes e berberes (que eram muçulmanos) cruzaram as Colunas de Hércules e invadiram Portugal. Por 700 anos foram senhores da Península Ibérica – que batizaram de Garb-al-Andaluz. Al-Garb significa "Ocidente" e Andaluz seria originária de Vandaluzia ("terra dos vândalos"). Novas pesquisas, porém, indicam que o nome significa "Atlântida" – referência à ilha mitológica de Platão e ao oceano que banha Portugal. Os árabes deram grande impulso à cultura ibérica, criando universidades e fundindo matemática grega, astronomia indiana, astrologia persa e geografia alexandrina. Mas eram invasores e foram tratados como tal. A expansão ultramarina dos portugueses começa com a expulsão dos árabes e a reconquista cristã e pode ser melhor compreendida se for vista por essa ótica.

Os Fenícios

Pioneiros na arte da navegação, os fenícios foram os primeiros a cruzar as Colunas de Hércules e chegar por mar à Península Ibérica, onde descobriram minas de prata. Eles teriam criado a lenda do Mar Tenebroso para impedir que outros povos penetrassem no Atlântico. Os fenícios faziam tecidos coloridos e seu nome provém de um corante natural usado para tingir os panos de vermelho vivo.

O Islã

O Islamismo é a religião criada pelo profeta Maomé por volta do ano de 622. Embora Islã signifique "submissão total", os muçulmanos foram tolerantes com os cristãos após a invasão da Península Ibérica. A invasão foi chefiada pelo berbere Tarik. Ele partiu do norte da África e cruzou as Colunas de Hércules. O lugar onde ele aportou passou a se chamar "montanha de Tarik", ou "Gibraltar".

A Batalha de Aljubarrota

Portugal já tinha sido ocupado várias vezes antes da invasão árabe e seu povo estava acostumado a enfrentar estrangeiros. A luta para expulsar os muçulmanos iniciou-se no norte da Península Ibérica e foi liderada pelo reino de Castela. Os castelhanos julgavam-se senhores de Portugal. Por isso, após se livrar dos árabes, Portugal teve que lutar para se libertar de Castela. A luta pela independência foi liderada pelo rei Dom João I. D. João era membro da ordem de Avis, organização de cunho militar e religioso.

Para vencer a batalha de Aljubarrota, D. João não contou só com as pás de seus aliados: teve o apoio de arqueiros ingleses – já que a Inglaterra também estava em luta contra Castela. Ao tornar-se rei, D. João I casou com a nobre inglesa Dona Filipa de Lancastre, cuja família tinha ligações com o trono da Inglaterra. Com ela, D. João teve cinco filhos homens, membros da Casa de Avis. Iniciada por D. João, a dinastia de Avis iria reinar em Portugal por 200 anos, dando início à construção de um vasto império ultramarino.

A Padeira:

Os portugueses venceram os castelhanos na batalha de Aljubarrota, travada em 1385 e chamada de "a Padeira", pois, segundo a lenda, o povo português (a "arraia miúda") usou pás para derrubar de seus cavalos os invasores. Na verdade, foi uma das primeiras vezes na História em que a infantaria – arma popular – conseguiu vencer a cavalaria – arma típica da nobreza.

As Guerras Tribais

Embora fossem membros de uma mesma família – como, de certa forma, também o eram portugueses e castelhanos –, as tribos tupis que dominavam o atual litoral brasileiro viviam em constante luta entre si. Os tupiniquins ("filhos do tupi") eram inimigos dos tupinambás ("descendentes dos tupis"), enfrentando também aos tamoios ("os Avós") e aos caetés ("filhos da Mata"). As guerras intertribais desempenhavam importante papel nas sociedades tupis. A complexa teia de inimizade que unia os povos do litoral de Pindorama baseava-se no tripé "guerra-vingança-antropofagia". Embora também visasse à conquista de novos territórios, o principal objetivo da guerra era a captura de cativos para a realização do banquete antropofágico, quando os prisioneiros eram comidos ritualisticamente. Na hora do ataque, os tupis usavam flechas incendiárias e fogueiras de ervas tóxicas, batendo os pés e tocando flautas feitas de ossos humanos. A luta em si era travada corpo a corpo: o objetivo era esmagar a cabeça do inimigo com o tacape.

*Gravura de Hans Staden (1520-?), aventureiro ale-
mão que esteve duas vezes no Brasil. Em 1553, esteve
preso por nove meses pelos tupinambás. Escreveu e ilus-
trou o livro* História de uma terra chamada América, *
importante referência no estudo da história do Brasil,
não só pelos fantásticos desenhos, como pelo relato de
sua convivência com os canibais. Hans Staden, no seu
cativeiro, esteve na eminência de ser devorado pelos canibais, que o desprezaram devido às suas manifestações
de desespero.*

A Tomada de Ceuta

Apesar de ter vencido seus rivais castelhanos, D. João I sabia que Portugal iria continuar sob ameaça até que o papa desse seu apoio ao pequeno país. Ele concluiu que a melhor maneira de obter o respeito da Igreja seria desferir um ataque aos "infiéis" árabes. Foi assim que ele planejou a invasão de Ceuta, no Marrocos. Ceuta, de onde os árabes tinham partido 700 anos antes para invadir Portugal, fora erguida numa das extremidades do Estreito de Gibraltar. Graças à localização, era uma cidade riquíssima e um ninho de piratas, tida como a "porta de entrada" para a África. D. João entregou para um de seus filhos, o infante D. Henrique, a responsabilidade de armar uma poderosa frota. D. Henrique reuniu mais de 200 navios e cerca de 80 mil soldados. Todos esses homens estavam "cruzados": ou seja, usavam cruzes coladas aos uniformes, para deixar claro que iam para uma guerra santa. Em 23 de julho de 1415, eles zarparam, prontos para a luta. A religião era apenas um pretexto: o que de fato interessava era a conquista material.

Ao desembarcar em Ceuta, no dia 10 de agosto de 1415, os portugueses ficaram espantados com o que viram. A cidade era mesmo muito rica, fervilhando com 24 mil lojas e bazares. Especiarias, sedas, pedras preciosas: vendia-se de tudo na "Cidade das Sete Colinas" – que os árabes haviam batizado de Septa. As casas, com fontes murmurando nos jardins, eram tão suntuosas que um cronista disse que, comparadas a elas, as mansões de Lisboa "pareciam pocilgas". Pouco restou do esplendor original de Ceuta: como uma horda de bárbaros, os lusos destruíram grande parte da cidade que, de fato, era "a chave de todo o comércio africano". Mas os portugueses logo perceberam que tomar Ceuta não era o bastante: as caravanas que faziam a riqueza da cidade – trazendo a ela o ouro da Guiné – desviaram suas rotas. Ao tornar-se governador de Ceuta, o infante D. Henrique decidiu, então, interceptar tais caravanas em seu ponto de partida. Como sabia que seus homens não poderiam cruzar o terrível deserto do Saara, ele percebeu que precisaria chegar até a Guiné por mar, contornando a costa do Marrocos. Para fazê-lo, teria que enviar seus navios para enfrentar o temível Mar Tenebroso.

O Infante e a Escola de Sagres

O infante D. Henrique tornou-se o patrono das navegações portuguesas. Membro da Ordem de Cristo – uma sociedade militar e religiosa, que herdara as riquezas e os conhecimentos da Ordem dos Templários –, o infante era uma figura misteriosa, cujo perfil se encontra envolto em lendas. Os templários, que haviam sido dizimados no século XII, tinham lutado contra os árabes no Oriente. Deles, o infante não herdou apenas a sede de saber, mas a mentalidade de cruzado: para D. Henrique, o "outro" era um inimigo a ser conquistado, um "bárbaro infiel" e não o objeto de curiosidade, merecedor de tratamento igualitário.

D. Henrique vivia coberto por um manto negro e estudava astrologia. Como era filho de inglesa, alguns historiadores afirmam que era "loiro, alto e robusto", o que parece não ser verdade, embora não existam imagens autênticas do príncipe. Só em fins do século XIX, o infante passaria a ser chamado de "Henrique, o Navegador", apesar de raras vezes ter navegado. De todo o modo, ele se lançou na exploração dos mares com uma mentalidade científica, atraindo para Portugal sábios judeus, servindo-se de conhecimentos náuticos dos árabes e revolucionando as técnicas de navegação. Iria se tornar o padrinho de um mundo que ainda não existia: o Novo Mundo.

O Cabo de Sagres

Chamado de Promontório Sacro (ou "Ponta Sagrada) pelos romanos, o Cabo de Sagres era o último limite da Europa ocidental e o lugar onde o mundo conhecido mergulhava nas aterrorizadoras águas do oceano Atlântico. Os iberos diziam que ali os deuses faziam suas reuniões noturnas; um templo druida fora erguido lá e os templários veneravam aquele local ermo, envolto em uma beleza trágica. A lenda assegura que foi para lá que D. Henrique se transferiu, para afastar-se "das futilidades da corte". Na verdade, o local mais provável de onde partiam suas expedições marítimas ficava a cerca de 25 quilômetros dali: era a vizinha vila de Lagos, uma das principais do Algarve (o "Ocidente" dos árabes). Alguns livros afirmam que o infante teria construído uma escola na Ponta de Sagres. Mas a Escola de Sagres parece jamais ter ocupado um espaço físico: era escola no sentido filosófico da palavra.

O Abismo da Borda do Mundo

Embora seu país fosse banhado pelo Atlântico, os portugueses nunca haviam desafiado o Mar Tenebroso, um território mitológico e desconhecido. Os próprios árabes acreditavam que as "portas" daquele oceano eram guardadas, com a ajuda de um dragão, pelas "ninfas do Poente", as Hespérides, filhas do gigante Atlas. Disposto a chegar à Guiné – de onde provinha o ouro que enriquecera Ceuta –, D. Henrique decidiu enfrentar os perigos do Atlântico. Os marujos de Sagres desesperaram-se, pois acharam que seus navios iriam despencar no abismo do fim do mundo: a maioria deles acreditava que a Terra era plana, como uma bandeja. Para além desses terrores imaginários, eles tiveram que enfrentar uma série de perigos reais: os ventos e as correntes contrárias, as longas calmarias sob o sol inclemente e as súbitas tempestades. Os mareantes, além disso, deparavam com estranhos fenômenos meteorológicos – como o chamado "fogo de São Telmo" (correntes elétricas que atingiam os mastros) – e com incríveis animais marinhos: peixes imensos, enormes polvos, baleias descomunais. Tais seres deram origem ao mito das sereias e das serpentes marinhas – sempre prontas, na febril imaginação dos marujos, a devorar seus navios.

Mas D. Henrique exortou-os a seguir adiante.

No imaginário da época, o oceano era habitado por seres imensos e desconhecidos que engoliam os navios; a terra era plana e poderia se fender de repente num abismo imenso. Muitas eram as lendas e os destemidos comandantes das frotas tinham que convencer os marujos a seguirem em frente rumo ao desconhecido.

O Mundo Fechado

Os conceitos geográficos no tempo de D. Henrique baseavam-se nas teorias do grego Cláudio Ptolomeu. No século II, Ptolomeu já intuíra que a Terra era redonda, embora o mundo conhecido estivesse restrito à área ao redor do Mediterrâneo. O estudioso, que vi-

Figura do geógrafo grego Cláudio Ptolomeu (Ptolomeu, 90-168) com um quadrante na mão, tirada do mapa-múndi de Waldssemüller de 1507, onde pela primeira vez aparece o nome América.

veu em Alexandria, julgava que o planeta era inabitável abaixo da Linha do Equador, onde se iniciaria a "tórrida zona" e o calor "torraria" os homens. Suas teses, que colocavam a Terra no centro do universo, eram apoiadas pela Igreja. Desafiá-las era heresia. Ptolomeu não acreditava que pudesse existir uma ligação marítima entre o Oceano Atlântico e o Índico. O Índico, como o Mediterrâneo, seria um mar fechado: imensa piscina banhando a África de um lado e a Índia de outro. Treze séculos após sua morte (ocorrida no ano de 168), as idéias de Cláudio Ptolomeu ainda estavam na ordem do dia: graça à invenção da imprensa, feita pelo alemão Gutenberg, os mapas de Ptolomeu foram reimpressos e tornaram-se um grande sucesso, popularizando concepções errôneas.

As Primeiras Ilhas e o Cabo Maldito

No esforço para chegar às minas da Guiné, os homens do infante enfrentaram os perigos reais e imaginários do Mar Tenebroso e desafiaram os dogmas de Ptolomeu. Tão logo se lançaram nas imensidões do Atlântico, descobriram as ilhas da Madeira (1419) e dos Açores (1427). As Ca-

nárias (chamadas Ilhas Afortunadas, ou das Hespérides) haviam sido descobertas antes e pertenciam a Castela. Madeira e Açores foram os balões-de-ensaio do projeto colonial português. Desabitada e recoberta de mata virgem, Madeira foi queimada durante sete anos e, na terra arrasada, surgiram os primeiros canaviais portugueses no além-mar. Como acharam essas ilhas, os lusos acreditaram que iriam encontrar outras, como as mitológicas Antilhas e a Atlântida. Uma dessas ilhas lendárias se chamava Hy Brazil e era considerada a "Terra da Bem-Aventurança".

Apesar de usar as ilhas como escala, os homens do infante avançaram com dificuldade pela costa africana ao sul das Canárias. Ali terminava o mundo conhecido. Seu limite era o aterrador Cabo Não: "Não ouseis ultrapassá-lo", asseveravam as lendas. O Cabo Não (hoje Bojador, veja mapa na página 24) só foi vencido em 1434, após 15 tentativas. As dificuldades explicam-se pela precariedade dos navios usados pelos portugueses. Tanto a barca como o barinéu eram embarcações que usavam velas retangulares (chamadas de velas "redondas" por causa da forma que adquiriam quando infladas pelo vento). Navios de vela redonda avançavam muito lentamente contra o vento. Por isso, embora a viagem até o Bojador fosse relativamente tranqüila, o retorno era uma operação complexa, já que os ventos sopram na direção oposta. Os marujos temiam uma viagem sem volta.

A Caravela

Quando se dispuseram a ir mais longe do que qualquer outro povo europeu jamais fora, os portugueses tiveram que aprimorar um novo tipo de embarcação. Acabaram "inventando" a caravela. Originárias dos antigos caravos (as "lagostas") árabes, as caravelas revelaram-se uma das mais brilhantes contribuições do gênio português à inventividade humana. Com cascos esguios e velas de pano triangular (as chamadas velas latinas), as caravelas podiam navegar contra o vento

A Senhora dos Mares: *a imagem acima mostra a chamada "caravela redonda", posterior à "caravela latina". Além de três mastros com velas triangulares, as caravelas redondas possuíam um outro mastro, com velas retangulares (chamadas de velas redondas).*

A grande descoberta: navegar contra o vento

A manobra que permite a um navio avançar contra o vento chama-se "bolinar". Para bolinar é preciso navegar em ziguezague, trocando as velas de lado. As caravelas não foram os primeiros barcos a navegar contra o vento mas, graças às velas triangulares, que faziam um ângulo de 55° em relação ao vento, avançavam a "barlavento" com mais rapidez e maior segurança.

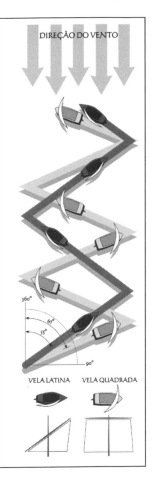

DIREÇÃO DO VENTO

360°

67°

55°

90°

VELA LATINA   VELA QUADRADA

com muito mais facilidade e rapidez. O pequeno calado permitia maior aproximação da terra. Com cerca de 22 metros de comprimento e 8 metros de largura, as caravelas eram velozes e fáceis de manobrar. Cada uma consumia 3.500 horas de trabalho e 4 mil toras de madeira, conduzindo uns 25 homens a bordo e com capacidade para transportar cerca de 60 tonéis. As caravelas provaram que o maior nem sempre é o melhor.

Instrumentos e Mapas

Para desafiar as vastidões do Atlântico e os ventos contrários, os portugueses tiveram que aprimorar não só seus navios mas as técnicas de navegação. À medida que foram singrando o oceano cada vez mais longe da costa, os navegadores da Escola de Sagres enfrentaram um grave problema: como saber onde se encontravam os navios? A latitude – que indica a posição norte-sul com relação à Linha do Equador – podia ser obtida através da observação da declinação do sol e das estre-

Verdadeira jóia matemática, o astrolábio era usado para medir a altura do sol ao meio-dia. O piloto encostava-se no mastro para evitar o balanço do navio e suspendia o astrolábio num dedo. Com a outra mão, girava a peça móvel (chamada alidade) até que a luz do sol passasse pelos furos existentes nas duas pontas dela. A posição encontrada marcava, em graus, a "altura" do sol. O astrolábio fora inventado na Espanha, em 1143, por um geógrafo árabe.

las. A balestilha era usada para medir a altura das estrelas, mas, evidentemente, só tinha serventia à noite. Para medir a altura do sol (ou "pesar" o sol), os lusos aperfeiçoaram outro instrumento: o astrolábio (página 35). Mas, como os navios "corcoveavam" sobre as ondas, as

Carta-portulano

Aos poucos, os portugueses foram cartografando as misteriosas águas que percorriam. Os mapas que eles utilizavam chamavam-se portulanos (do italiano "portolano", ou "catálogo de portos"). Para que os ventos, a água do mar e a chuva não os estragassem, eram feitos em couro de carneiro e não em papel. Os portulanos assinalavam uma vasta rede de "linhas de rumo", representando os 16 "meios-ventos" estabelecidos pela rosa-dos-ventos. Acima, a carta-portulano de Jorge de Aguiar, feita em 1492.

medições freqüente- mente estavam erradas. Ainda assim, o infante D. Henrique continuou forçando seus nautas a singrar "mares nunca dantes navegados" (verso de *Os Lusíadas*, de Luís de Camões, ver p. 64).

Inventada pelos chineses, a bússola é uma agulha magnética que aponta o Norte, ajudando a estabelecer o rumo dos navios.

A pesar de medirem a latitude com razoável precisão, os navegadores dos séculos XV e XVI não sabiam calcular a longitude, ou seja, a posição em que os navios se encontravam na direção leste-oeste. Além disso, as chamadas cartas de marear, embora registrassem os pontos de referência da costa, em geral eram bastante precárias, não só por serem as novas regiões quase des-

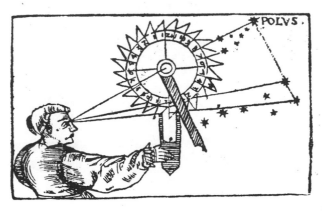

conhecidas, mas porque, na época, ainda não se sabia como representar corretamente a superfície curva da Terra em um mapa plano e unidimensional. Embora não se possa dizer que navegassem às cegas, os exploradores portugueses jamais sabiam com certeza em que ponto do oceano seus navios realmente se achavam. E isso dá uma idéia do quão arriscada era a aventura marítima.

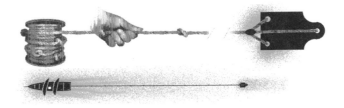

Para calcular a velocidade de seus navios, os marujos jogavam ao mar um pedaço de madeira amarrado a uma corda cheia de nós. Então contavam o número de nós que passavam por entre os dedos durante meia hora, medindo o tempo com uma ampulheta (acima). Até hoje a velocidade dos navios é medida em "nós".

Ampulheta

A caravela e os instrumentos de navegação — *Xilogravura
(18x14cm) de autor desconhecido, cujo título é "Uma
Nau". É a primeira ilustração do livro de Hans Staden
que relata suas duas viagens ao Brasil (Andschaff der
Wilden Nacketen Grimmingen Menschresser Leuthen —
primeira edição de Marburg, Andres Colben, 1557 —
coleção José Mindlin, Brasil).*

Ouro e escravos

Graças às caravelas e aos novos instrumentos náuticos, os navegadores do infante – que já haviam vencido o temível Cabo Não e iniciado a colonização das ilhas do Atlântico – puderam continuar o avanço ao longo da costa africana. A terra que acharam, porém, era desértica e arenosa, "como coisa onde falecem as águas". Só em 1444, chegaram ao verdejante delta do Rio Senegal, na África negra. A barreira da África árabe fora vencida, e o ouro da Guiné estava ao seu alcance. Foi um feito providencial: como aquelas expedições eram caríssimas e não davam lucro, já havia murmúrios contra as "loucuras" de D. Henrique. Ao atingir o Senegal, os lusos

não encontraram só ouro, mas uma terrível fonte de renda para financiar sua expansão ultramarina: começaram a escravizar os nativos da região que batizaram de "Terra dos Verdadeiros Negros". Como viviam na "tórrida zona", de fato eram pretos, como previra Ptolomeu. A escravidão, comum durante o período greco-romano, havia arrefecido na Europa. Foram os portugueses que reaqueceram o tráfico de escravos, levando cerca de 500 cativos por ano para Portugal. O ciclo escravocrata inaugurado pelos navegantes do infante se tornaria o maior da história da humanidade, refletindo, mais tarde, também no Brasil.

Os Guinéus

O ouro da Guiné revolucionou a economia européia. A Europa estava carente de metais, e a cunhagem de moedas, que fora suspensa, foi retomada. A nova moeda inglesa foi chamada "guinéu". Mas os lusos logo descobriram que o tráfico de escravos era mais rendoso que o ouro. Eles consideravam os negros descendentes de Ham, o filho amaldiçoado de Noé. A cor era o sinal da maldição e justificava a escravização. Os cativos comprados pelos portugueses eram capturados no interior da África por outras tribos negras ou por caçadores de escravos árabes. O primeiro grande carregamento de escravos negros chegou a Portugal no dia 8 de agosto de 1444. A partir de então a cena se tornaria corriqueira. O cronista Gomes de Zurara descreveu uma partida de escravos, feita no Algarve, na presença do infante D. Henrique, que, montado em seu corcel negro, se manteve silente: "Qual o coração, por duro que pudesse ser, que não seria tocado de pungente sentimento ao ver aquela cena? Uns tinham as caras baixas e os rostos lavados de lágrimas, outros gemiam dolorosamente (...) Para aumentar sua dor, chegaram os homens encarregados da partilha e começaram a separar uns dos outros: os filhos dos pais, as mulheres dos maridos, os irmãos de irmãos. Nem de amigos nem de parentes se guardava lei alguma: somente cada um caía onde a sorte o levava.

A Tomada de Constantinopla

Enquanto os portugueses iniciavam a conquista da África negra, seus tradicionais inimigos muçulmanos também estavam em expansão, conquistando novos territórios. No dia 29 de maio de 1453, os turcos otomanos tomaram Constantinopla. Capital do Império Romano do Oriente, Constantinopla (hoje Istambul, na Turquia) era uma cidade rica e suntuosa. Atingira tal posição graças à situação geográfica privilegiada: assentada no Estreito de Bósforo, ela fica no exato local onde a Europa e a Ásia quase se tocam. Constantinopla foi tomada pelo sultão Maomé II. Ao conquistá-la, o sultão bloqueou a milenar rede de comércio que unia o Oriente ao Ocidente.

Todas as riquezas orientais passavam por Constantinopla antes de chegar à Europa. Anualmente, a cidade era visitada pela "caravana do Cairo": uma frota de 50 navios que a abastecia de especiarias e produtos

exóticos vindos da Índia.
Os turcos otomanos – vistos pelos europeus como "bárbaros cruéis" – tinham um vasto e evoluído império, baseado num rígido código de conduta. A tomada de Constantinopla não apenas deu um grande impulso ao império otomano como se tornou uma das datas-chave da história da humanidade: historiadores consideram 29 de maio de 1453 o dia em que se iniciou a Era Moderna, pois a conquista da cidade mudou a geopolítica mundial.

O sultão Maomé II era chamado de Fatih, "O Conquistador", pelos otomanos. Tinha 20 anos de idade quando entrou em Constantinopla, percorrendo uma longa avenida de sangue e morte. Mas o sultão estava longe de ser um inimigo radical da Europa e da cristandade. Amante das artes e do comércio, Maomé II era homem tolerante e sábio, que reinou com grande competência política. Assinou vários acordos com mercadores italianos que vinham de Gênova e Florença para negociar especiarias. Sua única exigência foi que os estrangeiros não badalassem os sinos das igrejas, construídas junto aos entrepostos comerciais que os cristãos tiveram permissão para continuar mantendo em Constantinopla. Graças a tais acordos, genoveses e florentinos obtiveram o monopólio do tráfico de especiarias para a Europa. E assim, a pimenta, o cravo e a canela – que ocupavam lugar de destaque na economia européia – começaram a chegar ao Ocidente com um valor elevadíssimo, enriquecendo os italianos. Como Portugal é um dos países europeus mais distantes da Itália, as especiarias eram vendidas em Lisboa a um preço proibitivo. Foi então que a aventura marítima dos portugueses passou a ter um novo objetivo: os navegadores da Escola de Sagres perceberam que, se contornassem a África, chegariam à Índia por mar. Ali, poderiam obter não só pimenta, cravo e canela, mas sedas e porcelanas, por preço muito inferior.

As Especiarias

Por que, afinal, as especiarias eram tão desejadas pelos europeus do século XV? Porque, além de suas aplicações medicinais, ajudavam a preservar os alimentos, em especial a carne. Ao contrário da Índia, da China e das nações árabes, a Europa era resolutamente carnívora. Mas, quando o mês de novembro se aproximava – trazendo consigo o rigoroso inverno do Hemisfério Norte –, os europeus eram forçados a abater seus rebanhos, antes que os animais emagrecessem pela inexistência de pastagens, destruídas pela geada.

A carne era então preservada com sal e pimenta. Mas os métodos primitivos de conservação não impediam que ela se deteriorasse. Servida à mesa dos ricos, a carne muitas vezes chegava lá podre. Para consumila, era preciso condimentá-la e disfarçar o gosto ruim. A pimenta era a especiaria ideal para isso. Com o passar dos anos, ela se tornaria uma espécie de moeda especulativa, como o dólar nos dias de hoje. "Caro como pimenta" era expressão usual na Europa. Embora fosse a mais conhecida das especiarias, a pimenta não era a única, nem a mais cara, das "drogas" trazidas do Oriente. A noz-moscada, por exemplo, valia ainda mais, já que mais rara. A canela, usada como remédio para os pulmões e como adoçante nos vinhos licorosos, chegou a valer mais do que o ouro, e o cravo – utilizado no tratamento de cáries e úlceras – era aceito como pagamento de impostos em toda Europa ocidental. Além do valor monetário, as especiarias eram tidas como talismãs e se julgava que eram eficientes remédios durante os freqüentes surtos de peste.

A pimenta não era usada só como condimento, mas para combater envenenamentos e problemas estomacais. Não é de se estranhar, portanto, que a palavra apotheke – "armazém de especiarias" em árabe – tenha dado origem à palavra "farmácia". As especiarias eram chamadas "grãos do Paraíso": acreditava-se que nasciam no Jardim do Éden, próximo à ilha das Hespérides. Embora, em tese, essa ilha mitológica ficasse em algum lugar do ainda misterioso oceano Atlântico, os europeus não duvidavam que os estimados temperos provinham do longínquo e quase inacessível Oriente.

A pimenta

A especiaria por excelência, a pimenta era conhecida e usada na Ásia desde dois mil anos antes de Cristo. Um quintal (60kg) do grão valia 52 gramas de ouro.

A canela

Casca de árvore chamada caneleira, nativa do Ceilão, a canela já era usada por fenícios, gregos e romanos. Um quilo valia dez gramas de ouro.

O cravo

Nativo das Ilhas Molucas, o cravo era uma das mais estimadas especiarias e uma das mais caras também. Um quilo de cravo equivalia a sete gramas de ouro.

Originária das ilhas Banda, a nozmoscada é extraída da casca da semente de uma árvore tropical. Um quilo de seu pó valia mais de dez gramas de ouro.

D. João II e a Aventura Africana

Em 1460, sete anos após a conquista de Constantinopla, o infante D.Henrique morreu em Portugal, aos 64 anos. Seus navegantes haviam atingido vários pontos da costa africana, onde, em troca de trigo e cavalos, compravam escravos, ouro e marfim. Os trechos onde esse comércio era feito foram batizados com os nomes dos produtos obtidos ali. Surgiram assim a Costa do Ouro, Costa do Marfim, Costa dos Escravos e a Costa da Malagueta (um tipo de pimenta). Alguns desses nomes se mantêm ainda hoje.

Nenhum daqueles produtos, porém, era tão valioso quanto as especiarias vindas da distante Índia. Por isso, e por causa da morte do infante, o ímpeto das viagens portuguesas refreou-se. Mas em 1474, o príncipe D. João, de 19 anos, foi encarregado pelo pai, o rei Afonso V, filho de D. João I e seu sucessor no trono de

---

O Bojo Africano

Os detratores da obra de D.Henrique afirmam que, sob seu comando, os navegadores portugueses percorreram apenas um terço da costa africana e sequer contornaram sua "barriga" ocidental. Mas o infante lançou as bases da exploração científica e pavimentou a trilha que levaria os europeus a dominarem todo o planeta.

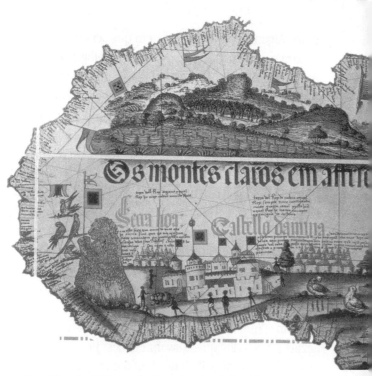

Detalhe do "Mapa de Cantino", elaborado por autor desconhecido, que representava o mundo conhecido na época e que foi roubado por Alberto Cantino, espião do Duque de Ferrara, infiltrado na corte portuguesa (1502).

Portugal, de dar continuidade à exploração da costa africana. Foi do jovem herdeiro, sobrinho-neto de D. Henrique, a idéia de contornar a África e chegar à Índia por mar, para lá obter pimenta e as demais especiarias.

Com a morte de Afonso V, em 1481, D. João assumiu o trono de Portugal, aos 26 anos. Chamado de "Príncipe Perfeito", era homem determinado, tido como cruel. Alguns historiadores dizem que serviu de modelo para o pensador italiano Maquiavel redigir O Príncipe, um clássico sobre a manipulação do poder. Com o título de D. João II, o novo rei rompeu com a nobreza e associou-se à burguesia mercantil de Lisboa e do Porto. Também deu início à colonização das ilhas de São Tomé e Príncipe, povoando-as com degredados e crianças judias cujos pais tinham se recusado a se converter ao cristianismo. Elas ficariam conhecidas como as "crianças dos lagartos", já que a maioria foi devorada pelos crocodilos, abundantes na região.

Mas D. João II era homem de visão e vislumbrou o oceano não como barreira intransponível, mas como uma ampla rota comercial. Para manter secretos os descobrimentos portugueses no Atlântico, ele teria imposto a "política do sigilo", mandando costurar com anzóis a boca dos que falavam demais. Junto com seu tio-avô D. Henrique, D. João II foi o maior responsável pela primeira aventura globalizante da humanidade: o ciclo das descobertas ultramarinas portuguesas, que iria estabelecer a hegemonia dos europeus sobre todos os demais povos do planeta. Mas o ríspido D. João II não teve tempo de desfrutar essas glórias: amargou uma série de decepções e morreu antes de ver seus sonhos expansionistas concretizados.

O Castelo da Mina

No primeiro ano de seu reinado, D. João II mandou erguer uma ampla feitoria fortificada no litoral de Gana, na África. O chamado Castelo da Mina foi erguido para garantir a soberania portuguesa na costa africana. Todo o material foi transportado de Portugal a bordo de 11 navios, sob o comando de Diogo Azambuja. O Castelo da Mina logo se tornou um local lúgubre e aterrorizante. Em suas masmorras de tetos baixos e gotejantes espremiam-se milhares de escravos trazidos do interior da África. Inúmeras gerações de tribos que perderam sua identidade, seus rituais e suas terras foram "estocadas" ali, aguardando a hora de serem levadas para a Europa. Entre os funcionários que ajudaram

Diogo de Azambuja a erguer o Castelo da Mina estava um marinheiro genovês que vivia em Portugal. Esse homem chamava-se Cristóvão Colombo.

O Castelo da Mina ficava no golfo da Guiné. Ali os lusos precisaram enfrentar o clima insalubre, as correntes contrárias e as calmarias, que mantinham os navios paralisados sob o sol, com água e comida escasseando. Tais dificuldades os forçaram a afastar-se da

costa africana e a se aproximar da outra margem do Atlântico, fazendo a chamada "volta do mar". Mas só a descoberta do caminho marítimo para a Índia poderia cobrir os custos daquela aventura. Em 1485, Diogo Cão, navegador formado na "escola do Golfo da Guiné, retornou a Lisboa com a notícia de que havia chegado ao "fim" da África. Mas ele mentiu ou se enganou. Ao descobrir a verdade, D. João II baniu-o para sempre da corte. Apesar da decepção, o monarca não desistiu do sonho, autorizando os preparativos para enviar uma nova expedição rumo aos limites aparentemente inatingíveis da África.

"Africana" (à direita), desenho de Cesare Vecellio no livro Habiti antichi e moderni di tutto il mondo *(Veneza, 1553).*

Bartolomeu Dias e o Cabo da Boa Esperança

O homem que D. João II incumbiu da missão de contornar a África foi Bartolomeu Dias. Além de ser um dos mais eficientes navegadores da escola do Golfo da Guiné, Bartolomeu Dias fora um dos descobridores da chamada "volta do mar". Era também supervisor da Casa da Mina, entreposto alfandegário erguido em Lisboa para administrar as rendas obtidas com o tráfico de produtos africanos. Com duas caravelas

Nau.

e.v.

e um barco de abastecimento, Bartolomeu Dias zarpou de Lisboa em agosto de 1487. Em outubro, chegou ao Cabo Cross, local que Diogo Cão avistara dois anos antes e o último ponto conhecido do litoral africano.

Ao passar do Cabo Cross, Bartolomeu Dias entrou no litoral da atual Namíbia e logo viu que a costa africana voltava a ser desértica, como no Marrocos. Seguiu navegando até que, em fins de 1487, a pequena frota foi atingida por uma terrível tempestade, que afastou as caravelas da costa e as empurrou para o sul. "Como os navios eram pequenos e os mares gelados e revoltos, deram-se todos por mortos", escreveu o cronista da expedição. Quando a tormenta amainou, na primeira semana de janeiro de 1488, a armada navegou para leste, mas não avistou terra. Bartolomeu Dias optou seguir para o norte e, depois de singrar mais de 800 quilômetros em três dias, enfim vislumbrou altas montanhas de topo achatado. Só então ele e a tripulação perceberam que estavam no oceano Índico e haviam contornado a África sem vê-la. Bartolomeu Dias ancorou em Mossel Bay, a quase 400 quilômetros da atual Cidade do Cabo. Tentou ir em frente, singrando o Índico, mas seus homens se recusaram. "Cansados e aterrados pelos mares tumultuosos pelos quais tinham navegado, os mareantes começaram a murmurar, todos a uma voz, a exigir que não fossem mais longe." Ao dar meia-volta para iniciar a jornada de retorno a Portugal, Bartolomeu Dias cruzou pela última ponta da África, que batizou de Cabo das Tormentas. Em dezembro de 1488, depois de 16 meses e 17 dias em alto-mar, o grande capitão enfim chegou em Lisboa.

O último limite da África – que, por mais de 30 anos os portugueses haviam procurado obsessivamente – era um promontório aterrador, coroado por montanhas de topo plano. Ali, com um estrondo, se juntavam as águas do Atlântico e do Índico. Seu descobridor, Bartolomeu Dias, batizou-o, muito propriamente, de Cabo das Tormentas. Mas o rei D. João II preferiu mudar o nome para Cabo da Boa Esperança, já que, graças à descoberta, ele viu "reacender-se a boa esperança de conseguir atingir a Índia por mar", contrariando as antigas teses de Ptolomeu, segundo as quais era impossível navegar até a Ásia.

Colombo Descobre um Novo Mundo

Quando Bartolomeu Dias retornou a Lisboa com a notícia de que a barreira da África fora vencida e que as teses de Ptolomeu estavam erradas, um dos homens que assistiu a seu desembarque foi o marujo genovês Cristóvão Colombo, que aportara em Portugal anos antes. Jogado ali pelo acaso de um naufrágio, Colombo havia casado com a filha de Bartolomeu Perestello, homem que o infante D. Henrique encarregara de colonizar uma das ilhas do Atlântico. Colombo aprendeu os segredos dos portugueses, começou a navegar pelo Golfo da Guiné e ajudou a construir o Castelo da Mina.

O Navegante Equivocado

Não existem imagens autênticas de Colombo, descobridor da América. Cristovão Colombo nasceu em Gênova, Itália, em 1451, e morreu em Valladolid, Espanha, em 1506. Deixou um depoimento fundamental para a compreensão da história da descoberta da América, intitulado **Descoberta da América***, que reúne seu relato aos reis de Espanha e seu diário de viagem.*

Foi nas feitorias da Guiné que Cristóvão Colombo ouviu falar pela primeira vez das terras misteriosas que os portugueses julgavam existir na desconhecida margem oeste do Atlântico. Baseado em concepções geográficas errôneas, ele acreditava que tais terras eram parte da Índia e que seria mais fácil chegar até lá cruzando o oceano em direção ao poente, em vez de contornar a África. Colombo quis convencer D. João II a financiar seu projeto.

D. João era assessorado por uma junta de eficientes cosmógrafos e astrônomos. Esses homens ridicularizaram as idéias de Colombo. Por isso, quando Bartolomeu Dias chegou a Lisboa com a notícia de que a África podia ser contornada por mar, Colombo deixou Portugal e transferiu-se para a Espanha. No reino rival, caiu nas graças da rainha Isabel, a Católica, e obteve dela o dinheiro necessário para armar uma expedição rumo ao oeste desconhecido.

Em 3 de agosto de 1492, comandando uma nau e duas caravelas, Colombo partiu em sua ousada jornada rumo à outra margem do Atlântico. Empurrada pelos ventos que "alisam" o mar (os alísios), sua diminuta frota navegou por pouco mais de um mês. Quando a maioria dos 120 tripulantes já ameaçava se amotinar – temendo precipitar-se no abismo do fim do mundo –, Cristóvão ("o Portador de Cristo") avistou terra. Tinha acabado de descobrir um novo mundo, que seria chamado de América. Embora tenha feito outras três viagens à região (ver mapa abaixo), Colombo morreu, em 1506, convencido de que havia chegado à Índia pela rota do oeste – tanto é que chamou de "índios" os nativos que ali encontrou.

Diagrama das viagens de Cristóvão Colombo à América.

Tratado de Tordesilhas

Tão logo Colombo retornou à Europa, os reis de Castela e Aragão requereram a soberania sobre as terras recém-descobertas. Mas o primeiro a saber do feito de Colombo foi D. João II. Isto porque Colombo teve que fazer uma escala em Lisboa antes de chegar à Espanha, pois suas caravelas necessitavam de conser-

A Partilha Global – O rei Francisco I, da França, nunca aceitou a validade jurídica do Tratado de Tordesilhas (ao lado). "Quero ver a cláusula do testamento de Adão que me afastou da partilha do mundo", disse ele.

tos. Apesar de convicto de que Colombo não atingira a Índia pela rota do Ocidente, D. João achou que as terras descobertas lhe pertenciam por direito. Por isso, quando o papa Alexandre VI – que era espanhol – concedeu a Fernando e Isabel todo o território localizado 110 léguas a oeste das ilhas de Cabo Verde, o "Príncipe Perfeito" injuriou-se e ameaçou Castela com guerra aberta. Iniciaram-se então as negociações, que culminaram em 7 de junho de 1494 com a assinatura do Tratado de Tordesilhas. Reunidos naquela pequena cidade da Espanha, diplomatas lusos e castelhanos firmaram um documento dividindo o mundo entre si. Os portugueses obtiveram a soberania sobre toda a área localizada 370 léguas a oeste de Cabo Verde.

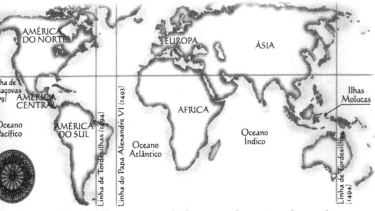

Em Tordesilhas, Portugal obteve a soberania sobre todas as terras localizadas 370 léguas (ou cerca de 2.000km) a oeste das ilhas de Cabo Verde. Mas a linha divisória corria ao redor do globo e, embora mais tarde houvesse conflitos no Brasil, o grande confronto entre lusos e castelhanos deu-se no Oriente: foi a luta pela posse das Molucas, as ilhas das especiarias, em 1529.

Os Reis Católicos

Fernando e Isabel foram os virtuais fundadores da Espanha moderna. Ao casar, em 1474, eles unifica-ram os reinos de Aragão e Castela, lançando as bases do futuro país. O fato de eles chamarem o novo reino de Espanha alarmou os portugueses, já que Hispania era o nome da antiga colônia romana que incluía toda a Península Ibérica. Conhecida como "a Católica", D. Isa-bel era o que se pode chamar de cristã fundamentalista: sua posição com relação aos árabes e judeus era de total intolerância e, junto com o marido, ela os expulsou da Espanha em 1492.

D. Manuel, o Venturoso

Cerca de um ano após a assinatura do Tratado de Tordesilhas, D. João II – que alguns historiadores consideram o maior rei português – morreu sem deixar herdeiros. Quem subiu ao trono foi seu primo e cunhado D. Manuel. Nascido em 1469, D. Manuel jamais poderia imaginar que iria se tornar rei. Embora fosse sobrinho do rei Afonso V, fora chamado de "menino sem título", pois não era filho primogênito. Mas como João II havia assassinado o irmão mais velho de D. Manuel e se casara com a irmã do rapaz, D. Leonor, o "menino sem título" tornou-se o primeiro na linha sucessória. Depois de inúmeras intrigas palacianas, D. Manuel subiu ao trono em outubro de 1495.

O povo logo iria chamá-lo de "O Venturoso". O apelido procede: além da ventura de se tornar monarca, D. Manuel iria concretizar, ao longo do reinado, os sonhos tão longamente acalentados pelos membros da dinastia de Avis. Sob seu comando os portugueses descobriram o caminho marítimo para a Índia, lançando as bases do primeiro império da humanidade no qual o sol jamais se punha. Após chegarem à Índia, os lusos alcançariam o Brasil, a China, o Japão e a Austrália. Tornariam-se, com isto, o primeiro povo do mundo a desembarcar nos cinco continentes (Europa, África, Ásia, América e Oceania). E D. Manuel logo se tornaria "o rei da pimenta", invejado em toda a Europa.

O poeta que cantou a glória dos descobrimentos

Luís Vaz de Camões *nasceu — supostamente — em 1524 e morreu em 1580, em Lisboa. Soldado e poeta, viveu uma vida plena de aventuras a serviço do reino português, guerreando contra mouros, beduínos e outros inimigos da coroa. Freqüentou a corte de D. João III, onde, conta-se, fazia muito sucesso com as mulheres. Viajante emérito, seguiu para o Marrocos, onde perdeu o olho direito numa batalha contra os mouros. Na costa da Conchinchina, seu navio naufragou e Camões perdeu sua companheira, Dinamene, mas conseguiu salvar os originais de seu futuramente célebre épico* **Os Lusíadas.** *Em dez cantos, 1.102 estrofes com oito versos cada, usou seu enorme talento para compor o poema símbolo da língua portuguesa, onde relata a grande saga dos descobrimentos. Camões levou à glória os navegadores e aventureiros que cruzaram os mares em nome de Portugal.* **Os Lusíadas** *é o mais célebre poema da língua portuguesa. Destacou-se também pelos seus sonetos, considerados obras-primas do gênero pelo apuro poético e rigor da métrica.*

Vasco da Gama

Ao assumir o trono, em 1495, D. Manuel desconhecia o plano de D. João II de chegar à Índia por mar, contornando a África. Só após descobrir papéis secretos nos cofres de seu sucessor, "O Venturoso" inteirou-se do projeto. D.Manuel – que, como todos os reis lusos de então, mandava fazer seu horóscopo todos os dias – chamou à corte Abraão Zacuto, um astrólogo judeu. Zacuto fizera parte da junta de cosmógrafos do rei D. João II e fora um dos que vetara apoio ao projeto de Colombo. Depois de consultar os astros, Zacuto disse a D. Manuel que ele estava destinado a "descobrir" a Índia. Embora seus demais assessores fossem

contrários ao reinício das viagens marítimas, D. Manuel decidiu enviar mais uma frota para o Oriente, seguindo a rota descoberta nove anos antes por Bartolomeu Dias.

Antes de morrer, D. João encarregara Bartolomeu Dias de construir novos navios para fazer a mesma viagem. O homem que dobrara o Cabo das Tormentas sugeriu que se reforçasse os cascos das caravelas. Esta iniciativa acabaria dando início a mais uma inovação técnica que acabou redundando no surgimento da nau – o novo tipo de navio a bordo do qual os lusos fariam suas maiores descobertas. Porém, ao contrário de seu antecessor, D. Manuel não estava aliado à burguesia e sim à nobreza. Como Bartolomeu Dias era um simples escudeiro, não foi escolhido para chefiar a nova viagem. O comando foi entregue a um nobre: o fidalgo (literalmente "filho de algo") Vasco da Gama. No dia 8 de julho de 1497, comandando duas naus e uma caravela e 170 homens, Vasco da Gama partiu de Lisboa rumo ao Cabo da Boa Esperança e à sonhada Índia.

Seguindo a rota descoberta por Bartolomeu Dias, Vasco da Gama contornou o Cabo das Tormentas em

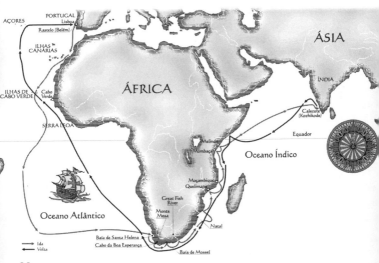

dezembro de 1497. Na ida até lá, enquanto singrava o Atlântico, fazendo a "volta do mar", viu aves voando para oeste – em direção às terras descobertas por Colombo. Embora tenha anotado o fato em seu diário, Vasco da Gama não alterou o rumo, seguindo para a Índia. Dobrou a última ponta da África e atingiu a costa oriental do continente. Como os portugueses tinham levado quase um século para vencer a costa ocidental, era de se esperar que precisassem de outro tanto para suplantar a porção oriental. Mas Vasco da Gama foi favorecido pela sorte: aprisionou um piloto árabe em Melinde, no atual Quênia. Os árabes conheciam bem as monções (ventos sazonais que auxiliam a navegação naquelas águas). Com a ajuda do piloto capturado, os

Vasco da Gama em ilustração de *Os Lusíadas* na edição de 1639.

Embora os documentos o definissem como "experimentado em coisas do mar", Vasco da Gama (acima) foi assessorado pelos maiores navegadores lusos do seu tempo: Nicolau Coelho e Pero Escobar. Dois anos mais tarde, ambos viriam ao Brasil.

portugueses cruzaram o Índico com rapidez e segurança. Em fins de maio de 1498, apenas seis meses depois de dobrar o Cabo das Tormentas, Vasco da Gama atingiu seu objetivo, "descobrindo" a rota marítima para a Índia, a nação mais rica do mundo.

Vasco da Gama na Índia

Vinte e sete de maio de 1498 é uma data-chave na história da humanidade. Naquele dia, Vasco da Gama chegou a Índia. Certos historiadores afirmam que se iniciou ali "a era da dominação européia na história". Naquela época, entretanto, a Índia era mais avançada que a Europa. Os indianos encontravam-se em um estágio mais refinado nos aspectos políticos, econômicos, éticos e espirituais. Não chega a ser surpresa, portanto, o fato de os indianos considerarem os homens de Vasco da Gama uns "bárbaros". Eles ficaram horrorizados com o mau cheiro dos recém-chegados, com o fato de comerem carne e serem "peludos". Os portugueses, por sua vez, confundiram os templos hindus com igrejas, julgando ter chegado em terras habitadas por cristãos – já que sabiam que muçulmanos não utilizavam imagens nas mesquitas. De todo o modo, os lusos logo perceberam que o comércio local de especiarias estava em mãos de árabes – até porque tabus religiosos impediriam os hindus de cruzar águas salgadas. Entre árabes e indianos reinava grande tolerância religiosa e comercial. Graças a ela, ambos os povos ha-

viam enriquecido, e Calicute – a cidade na qual Vasco da Gama aportou – era ainda mais rica do que Ceuta, o entreposto africano que fora conquistado 83 anos antes.

O encontro entre Vasco da Gama e o samorim de Calicute foi constrangedor para os portugueses. O Samutiri-raj ("Senhor do mar") de Calicute chamava-se Glafer. Como outro rajás hindus, era homem de gosto exigente e postura arrogante, tido como semideus pelos súditos. Demorou dias para receber Vasco da Gama e, quando o fez, após mantê-lo aguardando por horas numa ante-sala, estava suntuosamente vestido de seda tecida com fios de

Acima: "Vasco da Gama na Índia", gravura publicada no **Livro das Armadas** *de Lisuarte Abreu (Academia de Ciências de Lisboa).*

ouro. Braços, orelhas e dedos estavam recobertos pelas jóias mais lindas já vistas pelos lusos: ouro, rubis e esmeraldas "do tamanho de uma avelã e com o formato de uma pêra".

Os presentes que Vasco da Gama tinha a oferecer – quatro capuzes de lã, seis chapéus, quatro colares de coral, seis bacias de cobre, dois barris de azeite e dois de açúcar foram ridicularizados. "Até o mais pobre mercador de Meca é capaz de dar mais do que isso", disseram os assessores do samorim. Vasco da Gama sentiu-se humilhado, e, a partir daquele instante, as negociações se estagnaram. Por três meses os portugueses permaneceram em Calicute, impedidos pelos mercadores árabes de comprar especiarias. Em 29 de agosto de 1498, partiram para a Europa, dispostos a voltar à Índia com mais dinheiro – e armamentos mais poderosos.

Ao lado: "Guerreiro Indu", figura publicada no livro do viajante Balthazar Springer, que esteve na Índia em 1509.

Lisboa Ultramarina

Quando Vasco da Gama aportou em Lisboa, em julho de 1499, com a notícia de que a Índia podia ser alcançada por mar, o rei D. Manuel ordenou que a façanha fosse celebrada com uma festa que se prolongou por uma semana. A seguir, no fulgor de seus 30 anos, o monarca autoproclamou-se "senhor da conquista, navegação e comércio da Etiópia, Arábia, Pérsia e Índia". Prevendo que Lisboa iria se tornar a radiante capital da expansão européia, D. Manuel decidiu "alargar, polir e enobrecer" a velha capital, "esburacando sua antiga mas resistente capa medieval". Lisboa tinha então cerca de 60 mil habitantes, apinhados em ruelas tortuosas, onde grassavam surtos de peste. Mas logo iria se transformar na "senhora dos mares, a cidade que falava diversas línguas". Suas novas ruas seriam então percorridas por banqueiros italianos, astrólogos judeus, espiões castelhanos, comerciantes ingleses e embaixadores indianos.

Xilogravura de autor anônimo representando o desembarque de Americo Vespúcio em Lisboa para encontrar D. Manoel.

A Rua Nova d'El Rei

Traçada em 1466, a Rua d'El Rei começou a ser refor-
mada após o retorno de Vasco da Gama da Índia. Passou
a se chamar então Rua Nova d'El Rei, tornando-se a via
central de Lisboa. Segundo o escritor Afrânio Peixoto, era
"a principal, a aristocrática, a internacional, a munda-
na, a rica Lisboa manuelina. Ali ficavam os mais belos
edifícios e lojas, todo o comércio do mundo – dos vários
mundos –, tráfico de sedas, cetins, porcelanas, especiarias, perfumes (...) Era a rua transitada pelos nobres e
ricos, estrangeiros e naturais, donas e donzelas, toda a
gente que compra e dá ocasião de ser vista e encontrada".
Mas os homens do mar raramente percorriam a vistosa
avenida. Eles circulavam pela zona portuária, entre
vendedoras de tripas cozidas e batedores de carteiras, nas
proximidades da chamada "praia das lágrimas", no porto do Restelo. Os marujos alimentavam-se de tripas, pois
a carne, depois de salgada, era armazenada em tonéis e
consumida nas viagens marítimas.

Pedro Álvares Cabral

Tão logo foi informado sobre as riquezas da Índia e o desprezo com o qual o samorim de Calicute recebera os presentes simplórios oferecidos por Vasco da Gama, o rei D. Manuel iniciou os preparativos para enviar uma nova e poderosa armada ao Oriente. O homem que escolheu para chefiá-la se chamava Pedro Álvares Cabral. Fidalgo de origem nobre, criado na corte do rei D. João II, Cabral nunca havia comandado uma esquadra antes. Mas os cronistas do reino afirmam que ele foi alçado ao cargo por "seu bom saber" e, evidentemente, o rei só escolheria alguém em quem depositasse total confiança. Além disso, Cabral seria o chefe militar e diplomático da missão e não o responsável pelas técnicas da navegação, função reservada aos pilotos.

Pedro Álvares Cabral — *Iluminura do séc. XIX (Biblioteca da Academia de Ciências de Lisboa).*

Cabral tinha 33 anos ao ser nomeado chefe da "segunda armada da Índia", em fevereiro de 1500. Ao longo daquele mês, teve várias reuniões com Vasco da Gama, recebendo instruções detalhadas sobre como navegar até a Índia. Vasco da Gama com certeza também falou sobre as aves marinhas que vira voando em direção ao oeste, em pleno Atlântico. Portanto, antes de zarpar de Portugal, Cabral já fora informado de que talvez encontrasse novas terras no caminho para o Oriente, caso abrisse sua rota um pouco mais para o Ocidente. Convém lembrar que, desde a assinatura do Tratado de Tordesilhas, firmado seis anos antes, Portugal obtivera soberania sobre boa parte do suposto território que ficava próximo às terras que Colombo havia descoberto em 1492.

Castelo de Belmonte, onde nasceu Pedro Álvares Cabral em 1467 ou 1468 (não há comprovação oficial da data de nascimento).

A família de Cabral esteve ligada aos destinos de Portugal desde a batalha de Aljubarrota, na qual lutou Álvaro Gil, trisavô de Cabral. Foi Álvaro Gil que obteve o direito de usar um brasão. Para adorná-lo, escolheu a imagem de três cabras – animal "valente e leal", comum na "rude terra" de onde a família provinha. O filho de Álvaro Gil, Luís Álvares Cabral, participou da tomada de Ceuta em 1415 e foi assessor do infante D. Henrique. O avô de Pedr'Álvares também lutou em Ceuta, mas seu pai, Fernão Álvares Cabral, era boêmio e "galanteador". Fernão tinha 1,90m de altura e era chamado de "Gigante da Beira". Pedro Álvares herdou a estatura do pai.

A Frota de Cabral

Disposto a impressionar o samorim de Calicute, D. Manuel não só armou a maior esquadra já enviada para singrar o Atlântico como arrecadou muito dinheiro para "comprar" a amizade do poderoso rajá. Os cofres das naus estavam, por isso, reluzentes de ouro amoedado: os justos e os espadins cunhados por D. João II, os cruzados e os portugueses que D. Manuel mandara forjar, as dobras castelhanas, as coroas flamengas, os ducados de Veneza e as dobras e maravedis mouriscos cintilavam em grandes baús de prata. Nenhum rei realizara tamanho investimento em uma viagem.

Boa parte dos capitães escolhidos para chefiar as nove naus, três caravelas e a naveta de mantimentos que constituíam a frota era de origem nobre. A todos foi oferecido um ótimo salário. Cabral, o comandante-mor, ganhou dez mil cruzados. Como cada cruzado equivalia a 3,5 gramas de ouro, Pedro Álvares embolsou 35 quilos do metal para comandar a segunda armada da Índia.

D. Manuel instruiu-o detalhadamente sobre como se comportar quando chegasse à Índia: "Ireis ancorar em Calicute com vossas naus juntas e metidas em grande ordem, bem armadas, com vossas bandeiras e estandartes o mais elegante que puderdes". Cabral também levava uma carta na qual o rei de Portugal propunha uma aliança comercial com o samorim. Caso a diplomacia e o ouro falhassem, as naus de Cabral estavam armadas com vários canhões.

Os cerca de 1.500 tripulantes amontoados nos 13 navios que compunham a frota de Cabral estavam divididos em dois grandes grupos: "gente do mar" e "gente de armas". À "gente do mar" cabia, evidentemente, a realização das tarefas náuticas. Além dos marujos e grumetes, faziam parte do grupo os melhores e mais afamados pilotos da época, entre os quais Pero de Escobar – que, 12 anos antes, fora companheiro de Bartolomeu Dias na descoberta do Cabo da Boa Esperança e conduzira Vasco da Gama na primeira viagem até a Índia. Bartolomeu Dias, capitão de uma das caravelas, fazia parte da frota – e aquela estava fadada a ser sua última jornada. A "gente de armas" eram os soldados e artilheiros. Boa parte fora recrutada à força, na zona portuária de Lisboa ou em pequenas cidades do interior. Muitos não tinham mais de 20 anos de idade, ganhavam um salário anual de apenas cinco cruzados e não tinham recebido nenhum treinamento formal. Os próprios artilheiros mal sabiam disparar um tiro de canhão. Como Vasco da Gama julgava que os hindus fossem cristãos, da frota cabralina também fazia

zia parte a "milícia religiosa" que D. Manuel enviara para estabelecer uma aliança com aqueles estranhos fiéis do Oriente. O chefe dos sete frades franciscanos era Frei D. Henrique de Coimbra, homem de vasto saber teológico. Além disso, também seguiam a bordo os embaixadores e intérpretes que os reis de Sofala, Melinde e Mombaça, na África, tinham enviado para Portugal na frota de Vasco da Gama. Era uma expedição como nenhuma outra até então: maior, mais cara, melhor armada e com objetivos ousados.

Detalhe da ilustração "A armada de Pedro Álvares Cabral" estampada no **Livro de Lisuarte Abreu** *(1558-1564), propriedade de* **The Pierpont Morgan Library, New York, USA.** *O desenho completo mostra a totalidade da frota de Pedro Álvares Cabral, composta de 13 embarcações; nove naus, três caravelas e uma naveta de mantimentos.*

A Nau

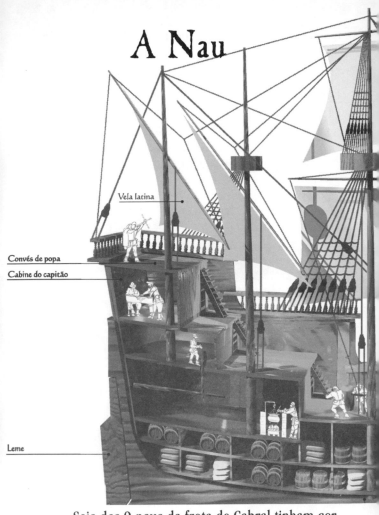

Vela latina

Convés de popa

Cabine do capitão

Leme

Seis das 9 naus da frota de Cabral tinham cerca de 35 metros de comprimento (10 metros a mais que as caravelas), com capacidade para 180 tonéis. A nau-capitânea, onde viajava Cabral, podia receber 350 tonéis.

Castelo de proa

Escaler

Remendadores de velas empenhados numa tarefa que era interminável em vista do constante atrito produzido pelo complexo cordame do navio

As naus não só eram maiores que as caravelas como podiam ser armadas com canhões. Desde o tempo de D. João II, os navios lusos singravam os mares com artilharia pesada a bordo. Foram os primeiros da história a fazê-lo.

A Partida

O rei D. Manuel marcou para um domingo, 8 de março de 1500, a partida da frota de Cabral. Seu objetivo era que o povo acorresse ao porto do Restelo – chamado de "praia das lágrimas para os que vão, terra do prazer para os que voltam" – para que todos vislumbrassem o espantoso espetáculo: 13 embarcações zarpando para o longínquo Oriente, com a cruz vermelha da Ordem de Cristo enfunada nas velas. Era uma nova cruzada marítima, o destino de que Portugal tanto se orgulhava.

O domingo amanheceu radioso e, por volta das dez horas, o rei, acompanhado por seu séquito, chegou à capela de Belém. Ali, sob a luz de tochas, o bispo D. Diogo de Ortiz rezou a missa. D. Diogo fizera parte da junta de astrônomos de D. João II e, junto com Abraão Zacuto e José Vizinho, vetara, oito anos antes, financiamento ao projeto delirante de Cristóvão Colombo de "chegar ao Oriente pelas partes do Ocidente". Após a missa, D. Diogo deu a Cabral um capuz vermelho, bento pelo papa, e se despediu do homem encarregado de conquistar a Índia.

A cena da partida foi descrita por João de Barros, um dos maiores escritores portugueses de todos os tempos, e que naquele dia estava no porto do Restelo. "A maior parte do povo de Lisboa, por ser dia de festa tão celebrada pelo rei, cobria aquelas praias e campos de Belém. E muitos barcos rodeavam as naus, levando e trazendo gente, todos com seus uniformes e bandeiras de cores diversas, (tão lindo) que não parecia mar mas um campo de flores. E o que mais animava o espírito eram as trombetas, tambores, flautas, pandeiros e até gaitas, porque, para viagem de tanto tempo, os homens se serviam de tudo para tirar a tristeza do mar." Mas a "tristeza do mar" prevaleceria mais uma vez: cerca de mil dos 1.500 homens que então embarcavam jamais retornariam a Portugal. No dia seguinte, uma segunda-feira, 9 de março de 1500, a poderosa frota de Cabral içou as velas, zarpando em direção ao Oceano Atlântico. Menos de dois meses depois, iria incorporar ao império português um vasto território continental, um mundo que ainda não existia. Um novo mundo.

A Vida a Bordo

Era dura a vida durante as viagens na época dos descobrimentos. Cercados de privações, disciplina rígida, os marujos enfrentavam ainda o medo do desconhecido. Além das tempestades, sol inclemente e chuva, ainda havia a ameaça de monstros imensos e a crença de que o mundo podia acabar num terrível abismo...

Os navios comandados por Cabral eram quartéis flutuantes: reinava a bordo a mais severa disciplina. Submetidos a uma dieta pobre e a regras rígidas, os tripulantes não desfrutavam de conforto algum, e raros eram os momentos de lazer. A maioria dos homens dormia ao relento, no convés, pois os porões eram ocupados por tonéis com água, vinho e carne salgada. A capacidade dos navios era medida pelo número de tonéis a bordo (origem da expressão "tonelagem"). A base da alimentação eram duros biscoitos de água e sal, que, como o nome indica ("bis": dois; "coctus": cozido), eram cozidos duas vezes para durar mais tempo. Os homens recebiam rações iguais: 1,5 litro de água e 1,5 litro de vinho por dia e 15kg de carne por mês. As refeições eram preparadas em pequenos fogões.

Estudos recentes mostram que a ração servida aos marujos dos séculos XV e XVI tinha apenas 3.500 calorias/dia. Para enfrentar a dureza da vida náutica, eles precisariam de, no mínimo, 5 mil cal/dia. A carência alimentar provocava reflexos negativos na condição física e psíquica da tripulação.

A água tinha mau cheiro e causava diarréia. Alguns homens passavam tão mal que faziam suas necessidades no porão. Ninguém se lavava: o banho era considerado nocivo à saúde. O contato com os animais levados a bordo (ovelhas e galinhas) aumentava o risco de doenças, e epidemias eram comuns. Tão logo os navios começavam a "corcovear" nas ondulações do Atlântico, os marinheiros de primeira viagem vomitavam, "sujando-se uns aos outros". Mas os enjôos eram o de menos: as condições higiênicas, os perigos do mar e a luta contra outros povos faziam com que quatro entre dez homens da tripulação não voltassem para casa. A cada três navios que partiam de Portugal, um era "comido pelo mar", expressão utilizada na época que significava o naufrágio ou o fato de uma nau simplesmente ficar à deriva e perder-se

da frota numa calmaria ou numa tempestade. Os perigos eram imensos, os riscos eram dramáticos, o que reduzia muito as chances de retorno. Por isso, antes de zarpar, os marujos assinavam seu testamento e recebiam um ano de salário adiantado.

As Crianças do Mar

Pelo menos 10% dos tripulantes da frota de Cabral eram crianças entre 9 e 15 anos de idade. Algumas haviam sido recrutadas compulsoriamente, mas a maioria fora alistada pelos próprios pais, que embolsavam o soldo dos meninos. A presença de crianças a bordo foi um fenômeno constante ao longo do ciclo de descobrimentos portugueses. Os navios precisavam de grumetes, e os oficiais necessitavam de pajens. Grumetes e pajens eram sempre garotos. A vida dos "miúdos" a bordo era um inferno em meio ao mar.

Aos grumetes cabiam as piores tarefas do navio: lavar o convés, limpar excrementos, costurar as velas. "Se não atendem ao segundo toque do apito, os marinheiros descarregam-lhes grandes golpes de bastão", escreveu um viajante. Pajens e grumetes muitas vezes sofriam abusos sexuais, e mulheres eram vetadas a bordo. As crianças também se viam forçadas a conviver com degredados, criminosos cujas penas haviam sido comutadas em exílio. Na esquadra de Cabral, por exemplo, vieram 20 degredados.

De Lisboa ao Monte Pascoal

A viagem de Cabral iniciou-se com tempo bom e vento a favor. A frota precisou de apenas cinco dias para chegar até as Canárias, avançando a uma velocidade de seis nós (cerca de 12km/hora). Uma semana depois, a 22 de março, a esquadra cruzou pelas ilhas do Cabo Verde, percorrendo 800 quilômetros em sete dias. Então, na manhã seguinte, ocorreu a primeira de uma série de tragédias: a nau comandada por Vasco de Ataíde sumiu sem deixar vestígios: 150 homens foram "comidos pelo mar".

Um mês mais tarde, a 21 de abril, os marujos alvoroçaram-se ao ver sargaços flutuando no mar. Logo em seguida, surgiram aves marinhas, como as que Vasco da Gama avistara três anos antes. Então, ao cair da tarde de 22 de abril, a frota de Cabral deparou com um "monte mui alto e redondo", erguendo-se como miragem em pleno Atlântico, e o

batizou de Monte Pascoal. Os navios ancoraram a 35 quilômetros da costa. Muitos homens devem ter passado a noite em claro, esperando pelo amanhecer da nova terra.

O Primeiro Dia do Brasil

Tão logo o sol iluminou a primeira manhã do Brasil, a frota de Cabral pôs-se em marcha. O capitão-mor enviou um escaler para reconhecer a nova terra. Nele seguiu Nicolau Coelho, veterano da primeira viagem à Índia. Ele notou que os homens que estavam na praia não eram negros nem "índios". Embora não tenha entendido o que os nativos falavam, Coelho pediu que baixassem os arcos e flechas. Eles o atenderam. A seguir, o capitão deu-lhes um gorro vermelho, uma touca de linho e um chapéu preto. Em troca, recebeu um cocar de plumas e um colar de contas. Assim foi o primeiro encontro.

Tão logo o sol iluminou a última manhã de Pindorama, um grupo de tupiniquins pôs-se em marcha e, à beira-mar, deparou com 12 barcos em frente à praia. Que homens eram aqueles, pálidos, peludos e cobertos de vestes? De onde vinham com suas enormes canoas com asas? Que estranhos objetos eles traziam? Ao longo de suas viagens, os portugueses tinham encontrado povos de diferentes grupos étnicos. Por isso aquele encontro não lhes deve ter causado grande surpresa. Já os nativos ficaram tão espantados com os recém-chegados que os chamaram de "caraíbas", cujo significado é "seres sobrenaturais".

"Que homens eram aqueles? De onde vinham com suas enormes canoas com asas? Que estranhos objetos eles traziam?"

"Embora não tenha entendido o que os nativos falavam, Coelho pediu que baixassem os arcos e flechas. Eles o atenderam."

Jaguaribe
Apodi
Açu
TIGUARA
Paraíba
Pernambuco
(Recife)

São Francisco
Maceió
(Alagoas)
Sergipe
Vasa Barris

Itacuípe
TUPINAMBÁ
Paraguaçu
AIMORÉ
Salvador
(Bahia)

Contas
TUPINIQUIM
Ilhéus

Pardo
Santa Cruz
Porto Seguro
Grande (Jequitinhonha)
Monte Pascoal
Mucuri
TUPINIQUIM

Cricaré
Doce
Vitória
(Espírito Santo)

TIMININO

GOITACÁ

PURI
Paraíba
TUPINIQUIM TAMOIO TUPINAMBÁ
Rio de Janeiro
GUAIANÁ

São Sebastião

São
Paulo
Santos

CARIJÓ

Florianópolis

Laguna

Antas
CARIJÓ
Porto dos Casais
(Porto Alegre)

Os Tupis

Ao longo dos quase 500 anos que os portugueses tinham precisado para expulsar os árabes e iniciar sua expansão ultramarina, os povos tupis haviam se estabelecido por todo o imenso litoral de Pindorama, desde o atual Ceará até Cananéia (SP). Não se sabe ao certo – e jamais se saberá – quantos eram os nativos que viviam na costa. Indícios permitem supor que, só no litoral, havia entre 500 mil e 1 milhão de indígenas. De norte a sul, eram esses os grupos tupis que ocupavam a orla:

Potiguar: cerca de 90 mil homens, viviam no Ceará. Eram exímios canoeiros e grandes guerreiros.

Tabajara: ocupavam os atuais estados de Pernambuco e da Paraíba. Eram aproximadamente 40 mil.

Caeté: viviam da ilha de Itamaracá (PE) até a foz do Rio São Francisco. Seriam cerca de 75 mil homens.

Tupinambá: o grupo tupi por excelência – o pai de todos, por assim dizer. Viviam da foz do Rio São Francisco até a Bahia. Eram 100 mil.

Tupiniquim: o grupo visto por Cabral, vivia no sul da Bahia e em São Paulo. Eram cerca de 85 mil homens.

Temininó: viviam no Espírito Santo. Eram cerca de 18 mil.

Tamoio: os senhores da Baía de Guanabara somavam 70 mil almas.

Carijó: viviam em torno de Cananéia e eram uns 100 mil homens.

Os Filhos de Pindorama

Os tupis eram um grupo de caçadores-coletores-horticultores que, como vários outros povos nativos do Novo Mundo, praticava uma agricultura incipiente. Mandioca, feijão e cará constituíam a base de sua alimentação. Fumavam tabaco e bebiam cauim (um fermentado de mandioca) e eram grandes caçadores e pescadores. Dominavam a técnica da cerâmica – o que significou considerável avanço cultural. Viviam em aldeias (com uma média de oito ocas e 600 habitantes). Andavam nus, mas adornavam o corpo com requinte. Uma das características mais marcantes dos tupis era a prática da antropofagia: cativos de outras tribos eram devorados em um complexo ritual repleto de significados. Por mais de mil anos, assim transcorrera a vida e a morte em Pindorama. Mas, de uma manhã para a seguinte, tudo iria se transformar por completo.

Cena de canibalismo. Xilogravura de autor desconhecido que ilustra o livro **História Verídica...** *de Hans Staden, publicado em Marburgo, Alemanha, em 1554.*

Em busca de um Porto Seguro

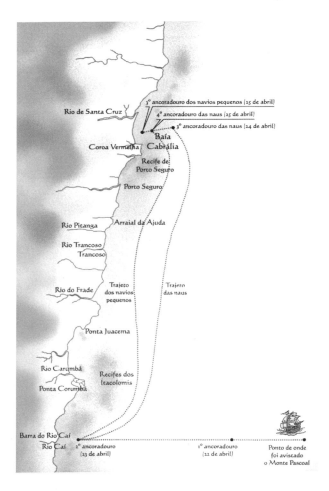

Os historiadores ainda discutem o local exato no qual a esquadra de Cabral ancorou pela primeira vez no Brasil. Onde quer que tenha sido, o lugar revelou-se desprotegido. Tanto é que, na noite de 23 para 24 de abril, choveu e ventou tão forte que um dos navios chegou a ter as amarras soltas e ficou à deriva por algumas horas. Por isso, tão logo o dia 24 amanheceu, os pilotos sugeriram para o comandante que se partisse em busca de um "porto seguro". A frota, então, zarpou rumo ao norte. As caravelas seguiram próximas da costa; as naus, mais afastadas, a uma distância segura. Era um litoral perigoso, repleto de recifes pontiagudos e traiçoeiros baixios, e a armada avançou cautelosamente. Ao longo daquele dia foram percorridos cerca de 65 quilômetros. A jornada foi revelando um belíssimo trecho da costa, recoberta de matas, com falésias multicores e vários rios. A frota provavelmente partira da foz do Rio Caí – o rio do primeiro encontro (mapa ao lado) –, cruzando pelas atuais vilas de Trancoso e Arraial da Ajuda, passando pelo sítio onde agora se localiza a cidade de Porto Seguro, chegando enfim à baía hoje chamada Cabrália. Ali a esquadra encontrou o ancoradouro que buscava.

Frente a Frente

A o entardecer de 24 de abril, a frota de Cabral "meteu-se dentro e amainou" naquele porto "mui bom
e seguro". Um piloto foi encarregado de reconhecer o
ancoradouro em um escaler. Ele viu dois nativos a bordo de uma canoa. Eram jovens, de "bons corpos, bons
rostos e bons narizes", e estavam nus. Levou-os para a

*Índios tupinambás, xilogravura de autor desconhecido
(Biblioteca José Mindlin), publicada no livro de Hans
Staden* **Breve relato verídico sobre os modos e costu-
mes dos Tupinambás.**

nau de Cabral, onde o comandante os recebeu à luz de tochas, "com muito prazer e festa". Não era a primeira vez que os lusos encontravam homens nus, mas era a primeira vez que não eram negros – e sim "pardos, maneira de avermelhados". Não estavam circuncidados, o que, para os portugueses, foi um alívio, pois significava que aquele povo não estava sob influência do Islã. Então, repetindo rituais feitos na África, Cabral – "bem-vestido, com um colar de ouro ao pescoço e assentado em uma cadeira" – mandou servir "pão, peixe e figos". Mas eles "não quiseram daquilo quase nada". Cuspiram o vinho e a água salobra; não se interessaram ao ver um carneiro e quase se assustaram com uma galinha. A seguir, sem cerimônias, os dois nativos se deitaram no convés e dormiram. Cabral mandou que os cobrissem e lhes dessem travesseiros.

Estranhos no Paraíso

O fato de Cabral ter mandado cobrir e acomodar em travesseiros dois "meros" selvagens já foi visto como sinal de que os portugueses chegaram à nova terra em paz. Com efeito, os dez dias passados nas belas enseadas do sul da Bahia foram pacíficos e harmoniosos. Isso, porém, se deu tão somente porque não houve, por parte dos estrangeiros, tentativa de conquista territorial. Pelo contrário: europeus e tupis confraternizaram ao longo de uma semana. O momento mais marcante foi quando um certo Diogo Dias, "homem gracioso e de prazer", indo à praia em companhia de um gaiteiro, pegou os nativos pelas mãos e "meteu-se a dançar com eles". A seguir, deu um "salto real" (mortal), que surpreendeu e encantou os indígenas. Os lusos julgaram estar diante de "bons selvagens": esquivos mas crédulos e tão inocentes "quanto Adão". No entanto, este ponto de vista não está na origem do mito da superioridade do "homem natural", estabelecido, anos depois, pelos filósofos franceses Montaigne e Rousseau. Vários analistas já demonstraram que a visão dos portugueses, habituados ao convívio com povos de outras culturas, era eminentemente prática, utilitária e objetiva.

Os tupiniquins foram vistos como "bons selvagens" apenas em um contexto pragmático, que dividia os nativos entre cooperativos ou refratários aos interesses dos portugueses. Além disso, numa moldura ideo-

Salto real ao som da gaita: *"Diogo Dias, que é homem gracioso e de prazer, levou consigo um gaiteiro nosso com sua gaita. E meteu-se com eles (os indígenas) a dançar, tomando-os pelas mãos; e eles folgavam, e riam, e andavam com ele muito bem ao som da gaita. Depde dançarem, fez-lhes ali, andando no chão, muitas voltas ligeiras e saltos real, de que eles se espantavam e riam e folgavam muito." (Trecho da carta de Pero Vaz de Caminha.)*

lógica e colonialista, os indígenas foram imediatamente definidos como "bárbaros". Por isso, sua nudez não era apenas sinal de inocência, mas de "atraso". De todo o modo, o fato das mulheres andarem desnudas e depiladas, "sem vergonha de suas vergonhas" (tão altas, tão cerradinhas e tão limpas"), com certeza impactou os mareantes: eles já estavam navegando havia um mês e meio. Porém, o "baile" na praia reuniu apenas homens. E o fato de os nativos terem dançado foi significativo: quando o oceano bloqueara seu avanço em direção à Terra Sem Males, vários tupis haviam se dedicado ao jejum e à dança, na esperança de tornar o corpo mais leve e "voar" para o paraíso. Os indígenas não alcançaram a Terra Sem Males. Mas, devido às "águas infindas", aos "bons ares", às frutas e aos aromas da mata, alguns portugueses devem ter pensado que, se não haviam chegado no próprio Éden, deviam, ao menos, ter desembarcado em alguma ilha bem-aventurada.

A Cruz e o Machado

No dia 28 de abril de 1500, uma terça-feira, um grupo de marujos foi à terra com a missão de cortar uma árvore e com ela fazer uma cruz. Todas as viagens e conquistas dos portugueses tinham sido feitas sob o signo da cruz – a de Cristo e a dos Templários. Para os nativos, porém, aquele grande símbolo do cristianismo certamente significou muito menos do que os machados de ferro usados para fazê-lo. No momento em que viram os primeiros objetos de metal de suas vidas, os tupiniquins vivenciaram uma experiência definitiva: de um minuto para o outro, passaram da Idade da Pedra para a Idade do Ferro. Foi uma revolução instantânea, cujas conseqüências iriam se revelar, mais tarde, catastróficas para os nativos. Não só os tupiniquins como as demais tribos do litoral se tornariam progressivamente dependentes de anzóis, facas e machados. Em troca destes produtos de grande utilidade, os indígenas se submeteriam à realização de inúmeras tarefas para os portugueses – e, mais tarde, para os franceses.

A Primeira Missa

A cruz cortada no dia 28 de abril foi erguida na sexta-feira, 1º de maio. À sombra dela, foi rezada uma missa, à qual compareceram os mais de 1.300 tripulantes da frota. Frei Henrique de Coimbra pregou o Evangelho e falou da missão "tão santa e virtuosa" que aqueles homens estavam desempenhando. Três décadas mais tarde, Frei Henrique se tornaria inquisidor, presidindo a primeira queima de um judeu em Portugal. Os portugueses ergueram a cruz não só como símbolo de sua fé, mas também para tomar posse do novo

território e sinalizar o local onde haviam desembarcado. Os tupiniquins assistiram à missa em grande número e imitaram os gestos dos portugueses. Aos lusos, este comportamento pareceu um sinal de que os nativos não tinham "nenhuma idolatria nem adoração". Mas os tupis possuíam um sistema de crenças relativamente complexo, baseado, em parte, em mitos cósmicos sobre várias e sucessivas destruições do mundo. Teriam eles suposto que aquela missa iria marcar o início de um novo apocalipse?

Os Degredados e os Desertores

No dia seguinte à missa, sábado, 2 de maio de 1500, logo pela manhã, a frota de Cabral ergueu âncoras e zarpou do Brasil para dar prosseguimento à missão de chegar à Índia. Uma das embarcações – a naveta de mantimentos, comandada por Gaspar de Lemos – foi esvaziada de seu conteúdo e enviada de volta para Portugal para comunicar ao rei D. Manuel o "achamento" da nova terra. No instante em que o vento inflou as velas dos navios, os dois degredados que Cabral havia forçado a permanecer em terra – deixando-os para trás, com a ordem de aprender a língua e os costumes dos nativos – romperam num pranto desesperado. O choro foi tamanho que os indígenas se aproximaram para consolá-los. Em perfeito contraponto ao árduo destino desses degredados, sabe-se que, na noite anterior à partida, dois grumetes tinham roubado um escaler e fugido para a praia, dispostos a viver no Novo Mundo por conta própria. De acordo com depoimentos posteriores, eles decidiram ficar porque aquela "Terra de Santa Cruz era deleitável, de bons ares e abundante em dulcíssimos frutos". Mas, sabendo-se qual era o tratamento dispensado aos grumetes, pode-se imaginar que qualquer lugar seria melhor que o navio.

Embora Cabral tenha batizado o novo território com o nome de Ilha de Vera Cruz, D. Manuel mudou a denominação para Terra de Santa Cruz. Nenhum dos dois nomes "pegou": por uns cinco anos, o lugar seria conhecido por "Terra dos Papagaios", como os marujos o chamavam – e como aparece no mapa do italiano Cantino, feito em 1502.

Não existe nenhuma informação sobre o destino dos dois grumetes que desertaram da esquadra de Cabral e decidiram permanecer na nova terra. Provavelmente eram meninos entre os 14 e 16 anos, e é possível que tenham sido "adotados" pelos nativos, passando a viver como eles. Quanto aos dois degredados, abandonados aos prantos à beira-mar, tiveram um exílio tropical de apenas 20 meses: em dezembro de 1501, a dupla foi recolhida pela primeira expedição enviada para explorar o Brasil. Os dois ainda viviam na Baía de Cabrália, nos arredores da cruz erguida justamente para assinalar o local onde eles haviam sido deixados. A prática de "lançar" degredados em terras estranhas – para que as explorassem e aprendessem a língua e os costumes dos nativos – era comum e tinha sido muito empregada pelos portugueses na África. Um dos degredados deixados por Cabral no Brasil chamava-se Afonso Ribeiro. Levado de volta para a Europa, aportou em Portugal em maio de 1502. Pouco mais tarde, prestou um depoimento juramentado sobre o período em que vivera no Brasil, foi absolvido de sua pena e ainda ganhou uma recompensa pelas informações e serviços prestados além-mar.

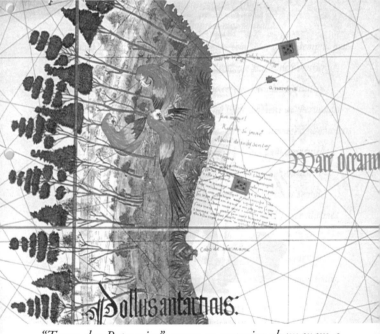

"Terra dos Papagaios", como os marujos chamavam o Brasil – e como aparece no mapa do italiano Cantino (detalhe acima), feito em 1502.

A Carta de Pero Vaz de Caminha

Entre as inúmeras cartas enviadas para o rei D. Manuel a bordo da naveta de Gaspar de Lemos, apenas duas sobreviveram ao tempo. A primeira, e mais importante, é a carta de Pero Vaz de Caminha, chamada, com razão, de "certidão de nascimento do Brasil". Caminha conseguiu capturar, com requinte e minúcia, os dias inaugurais do futuro país. Com um olhar generoso e preciso, cantou a pureza das águas e a exuberância dos recursos naturais, e pregou a comunhão entre os povos. Vislumbrou Pindorama como uma espécie de Terra Sem Males, um lugar paradisíaco. Seu testemunho difere frontalmente do espírito de conquista e "cruzada" que caracterizou boa parte do ciclo de descobertas portuguesas. Graças à extraordinária "reportagem" de Caminha, se pode saber de que forma ocorreu o descobrimento oficial do Brasil. Mas, por esses azares da sorte, a carta de Caminha ficou desaparecida por quase três séculos, perdida em arquivos empoeirados. Só foi redescoberta em 1773 e sua primeira publicação se deu apenas em 1817. Desde então, tem sido considerada a primeira obra-prima da literatura brasileira.

Edgar Vasques

A Carta de Mestre João

Além da carta de Pero Vaz de Caminha, outro documento enviado a Portugal no navio de Gaspar de Lemos chegou intacto aos dias de hoje: a carta de Mestre João. Médico, astrônomo e astrólogo, Mestre João foi encarregado de "medir" as estrelas do céu de Pindorama. Ao fazê-lo, na noite de 27 de abril de 1500, ele observou uma constelação sublime, luzindo em forma de cruz e apontando para o sul. Os tupis já a conheciam bem e a tinham batizado de Pauí-Pódole. Os europeus também sabiam de sua existência: o primeiro a catalogá-la fora o grego Cláudio Ptolomeu, no ano 130. Mas, ao referir-se àquelas estrelas como "a Cruz", Mestre João acabaria se tornando o padrinho da mais famosa constelação do hemisfério austral: o Cruzeiro do Sul.

A carta de Mestre João permaneceu ignorada por três séculos e meio: só foi publicada pela primeira vez em 1842. Após exaustivas pesquisas, o historiador português Sousa Viterbo enfim descobriu que Mestre João era castelhano, chamava-se Joam Faras e, além de ser "bacharel em artes e medicina" e de ter traduzido um dos maiores clássicos da geografia antiga, fora também o "cirurgião particular do rei D. Manuel".

Embora tenha se consagrado como "o narrador dos novos céus" – assim como Caminha foi o "narrador das novas terras" –, Mestre João fez mais do que isso. Munido de um grande astrolábio, e em companhia do piloto Pero de Escobar, foi o primeiro a medir a latitude do local em que Cabral ancorou. As medições apontaram 17 graus de latitude Sul. Foi um resultado admiravelmente preciso: Porto Seguro localiza-se a 16º 21' 22". Mas a carta de Mestre João se tornaria uma fonte virtualmente inesgotável de polêmica, pois, em um de seus trechos, o autor afirma: "Para ver o sítio onde se localiza essa terra, mande Vossa Alteza trazer o mapa-múndi que tem Pero Vaz Bisagudo". Tal frase tem sido usada como "prova" de que os portugueses já conheciam o Brasil antes do desembarque "oficial" de Cabral. Embora a hipótese de um pré-descobrimento seja bastante plausível, a frase de Mestre João não serve de testemunho definitivo: o referido mapa de Bisagudo – nunca encontrado – na verdade deveria mostrar apenas uma das tantas ilhas imaginárias que coalhavam o Mar Tenebroso e que foram inúmeras vezes registradas pela cartografia dos séculos XIV, XV e XVI.

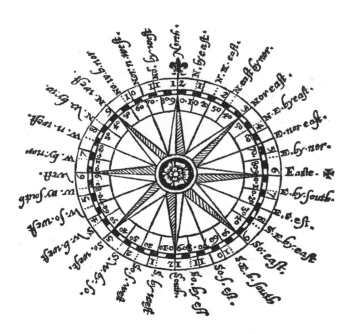

Naufrágio no Cabo das Tormentas

Ao zarpar da Bahia em direção à Índia, na manhã de 2 de maio de 1500, a esquadra de Cabral parece ter deixado no Brasil a boa sorte que a acompanhara desde a partida de Lisboa. Uma grande tragédia abateu-se sobre a frota na madrugada de 23 de maio, um sábado: depois de um cometa "com uma longa cauda cor de fogo" ter luzido no céu por dez noites consecutivas, uma tremenda tempestade desabou no momento em que a armada se preparava para dobrar o Cabo da Boa Esperança. "O mar ficou tão grosso que parecia impossível escaparem as naus de serem comidas", escreveu

um cronista da expedição. "As ondas levantaram-se tão altas que parecia que as punham (as naus) nas nuvens e depois no abismo, com os vales que se abriam. De dia era a água cor de chumbo e de noite cor de fogo, e o ruído que fazia o madeirame era medonho e tudo era tão espantoso que não o pode crer quem não o viu." Quando a tormenta amainou, quatro navios tinham sido "comidos pelo mar", levando consigo cerca de 400 homens. Entre os mortos, por uma amarga ironia, estava o grande Bartolomeu Dias, o homem que, 12 anos antes, fora o primeiro a vencer o cabo do medo. O inventor da nau se tornou, assim, uma espécie de "Moisés dos mares": jamais atingiu a Índia, sua terra prometida. Bartolomeu Dias é um dos grandes heróis injustiçados da história dos descobrimentos.

Caravela estilizada impressa no livro "História Verídica..." de Hans Staden (1557, col. José Mindlin, Brasil)

Chegada a Calicute

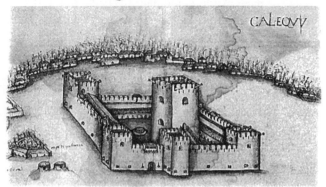

Cinco meses depois da tragédia no Cabo da Boa Esperança, a frota de Cabral, então reduzida a seis navios, porque uma das embarcações desgarrara-se durante o trajeto, chegou a seu destino: Calicute, na costa ocidental da Índia, onde ancorou em 13 de setembro de 1500 (seis meses e quatro dias após zarpar de Lisboa). Capital de um dos reinos mais ricos do Malabar (o "País das Montanhas"), Calicute era, na descrição de um companheiro de Cabral, uma cidade "muito grande, sem muros que a cerquem (...) e, em torno das casas, há muitas árvores e lagos de água onde seus moradores se banham (...) e é isso preciso porque a cada dia lavam duas ou três vezes o corpo todo". Os portugueses – que, como os demais europeus do século XVI, tomavam de um a dois banhos por ano – foram mal recebidos no Malabar.

Os mercadores árabes, que, com o aval dos rajás indianos, controlavam o comércio local de especiarias, logo farejaram as intenções dos recém-chegados. Mas, feliz com os ricos presentes enviados por D. Manuel, o samorim de Calicute deu permissão para Cabral instalar uma feitoria na cidade. No dia 16 de dezembro, porém, o estabelecimento foi atacado por árabes e indianos, e 50 portugueses foram mortos – entre eles Pero Vaz de Caminha, primeiro cronista do Brasil. Em represália, Cabral mandou bombardear a cidade, "matando infinita gente". A seguir a frota transferiu-se para o reino vizinho de Cochin e lá instalou nova feitoria. Com os navios repletos de pimenta, Cabral partiu para Portugal em janeiro.

Cabral em Desgraça

Em 21 de julho de 1501, Cabral ancorou no porto de Restelo, de onde partira um ano, quatro meses e 12 dias antes. O comandante dirigiu-se de imediato a Santarém, onde o rei D. Manuel estava passando o verão. Embora apenas cinco dos 13 navios (um afundara na volta da Índia, outro fora queimado, mas a nau que tinha se desgarrado voltara a se incorporar à esquadra) estivessem de volta e somente 500 dos 1.500 homens houvessem sobrevivido, as perdas da expedição não ficaram muito acima da média da época. Além disso, os navios trouxeram tanta pimenta para Lisboa que as cotações do mercado foram bruscamente alteradas na Itália. Ainda assim, Cabral adquiriu fama de "desafortunado nas coisas do mar" e caiu em desgraça junto ao rei. O motivo pode ter sido sua recusa de aceitar o cargo de sub-chefia de uma nova armada para a Índia: desfeita que o rei jamais perdoou. Cabral continuou recebendo pensão, mas nunca retornou à corte. Morreu no exílio, em 1520, esquecido em Santarém, sem saber que havia revelado ao mundo um território de proporções continentais, parte de um novo mundo.

A América de Vespúcio

F oi a descoberta do Brasil que convenceu definitiva-mente a Europa de que as terras que Cristóvão Colombo avistara oito anos antes eram parte de um

Lettera di Amerigo vespucci deile isole nuouamente trouate in quattro suoi viaggi.

Primeira página da publicação **La lettera dell isole che ha trovato nuovamente il re di Spagna** *(1493, Florença). Autor anônimo, propriedade de* **The British Library,** *Londres, Inglaterra.*

novo mundo. Embora esta conclusão se baseasse em explorações realizadas por portugueses, a divulgação seria obra de um italiano: o florentino Américo Vespúcio. Rico e chique, parente de banqueiros e embaixadores, Vespúcio tomou parte da primeira expedição enviada oficialmente para explorar o Brasil. Com três caravelas sob o comando de Gonçalo Coelho, a diminuta frota zarpou de Portugal na segunda semana de maio de 1501, seguindo a mesma rota de Cabral.

No dia 17 de agosto, a esquadra atingiu o Brasil e, acompanhando a linha da costa, Coelho e Vespúcio chegaram a Porto Seguro. Ali recolheram o degredado

Ilustração do gravador e desenhista francês Theodore De Bry representando a chegada de Américo Vespúcio na América, publicada em Openheim, Alemanha, em 1618.

Afonso Ribeiro. Baseado no que vira e no depoimento de Ribeiro, Vespúcio escreveu uma carta chamada Novo Mundo. Nela defendeu a tese de que o Brasil era parte de um continente até então desconhecido. Ao descrever nativas nuas e rituais antropofágicos, a carta tornou-se um grande sucesso e acabou fazendo com que, em 1506, a nova terra fosse batizada de "América". Colombo morreu neste mesmo ano, ainda jurando que havia chegado à Índia.

Ao lado: Xilogravura de autor anônimo que ilustra a publicação da **Carta de Américo Vespúcio** *na edição alemã* "**Diss Büchlin Saget...**, *Estrasburgo, J. Gruninger, 1509 (The British Library, Londres, Inglaterra).*

O Pau-Brasil

Ao longo dos seis meses que passou no Brasil, Américo Vespúcio não encontrou nem ouro, nem especiarias. A única coisa que despertou a atenção do florentino foi "uma infinidade de árvores de pau-brasil". Um tipo de pau-brasil, nativo do Oriente, era conhecido na Europa há pelo menos dois séculos. O pó de sua casca servia para tingir tecidos de vermelho. Corantes naturais eram, desde a Antiguidade, produtos valiosos. Os fenícios, por exemplo, tinham adotado seu nome de uma planta tintorial, e os portugueses negociavam na África, fazia dezenas de anos, algas, sementes e bagas de tinturaria. A árvore encontrada em grande quantidade no Nordeste do Brasil foi avistada por Vespúcio no momento em que a moda européia passava por uma revolução. O desabrochar do Renascimento e a expansão da indústria têxtil tinham transformado o vermelho na cor da moda. O pau-brasil virou um produto mais cobiçado que nunca. Como os tupis, por sua vez, cobiçavam anzóis, machados e facas, os portugueses não tiveram dificuldade em fazer com que, em troca de objetos de metal, os nativos cortassem, atorassem e transportassem as duríssimas toras de pau-brasil. O comércio do "pau-de-tinta" foi a primeira fonte de lucro que a Coroa portuguesa encontrou na nova colônia. Em menos de uma década, esse comércio alcançaria dimensões tão amplas que o território avistado por Pedro Álvares Cabral passou a ser chamado de Terra do Brasil.

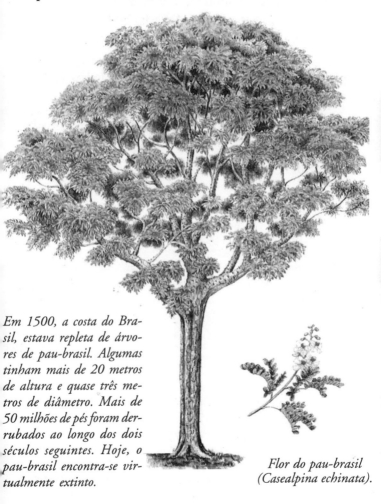

Em 1500, a costa do Brasil, estava repleta de árvores de pau-brasil. Algumas tinham mais de 20 metros de altura e quase três metros de diâmetro. Mais de 50 milhões de pés foram derrubados ao longo dos dois séculos seguintes. Hoje, o pau-brasil encontra-se virtualmente extinto.

Flor do pau-brasil (Casealpina echinata).

Os Predecessores de Cabral

Pedro Álvares Cabral foi o primeiro navegador português a chegar ao Brasil? Várias evidências permitem supor que não. Tanto Cabral como, antes dele, Vasco da Gama optaram por seguir uma rota tão segura e direta pelo Atlântico que, ao que tudo indica, ela já

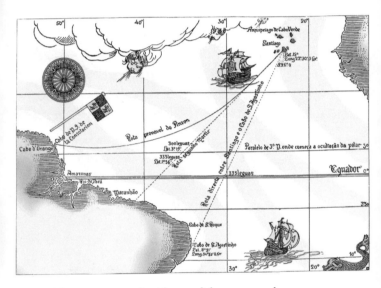

Mesmo que não tenha sido precedido por navegadores portugueses, Cabral com certeza não foi o primeiro europeu a chegar ao Brasil. A honra cabe ao espanhol Vicente Yañez Pinzón, que, em 26 de janeiro de 1500, desembarcou provavelmente nos arredores da atual cidade de Fortaleza, no Ceará. Menos de um mês depois, outro espanhol, Diego de Lepe, chegava ao Cabo São Roque (Rio Grande do Norte). Mas as viagens dos espanhóis não tiveram maiores conseqüências, e o Brasil logo se tornaria português.

fora percorrida várias vezes. Como entre a jornada de Bartolomeu Dias (em 1488) e a de Vasco da Gama (1497/98) não existe registro oficial de nenhuma outra expedição, é provável que os portugueses tenham usado aqueles dez anos para realizar uma série de viagens "secretas". É possível que, pelo menos desde 1498, o Brasil já fosse conhecido. Um dos maiores navegadores do século XVI, Duarte Pacheco Pereira, chegou a afirmar que esteve em algum lugar da América (talvez o Maranhão). E pode ser que Bartolomeu Dias o tenha precedido, durante uma viagem de reconhecimento do Atlântico Sul, em fins de 1497.

"Árvore Choine", xilogravura de Frei André Thevet, 1575, acervo Biblioteca Mario de Andrade, SP, Brasil.

Ilha Brasil

O Brasil tem este nome por causa do pau-brasil, certo? Nem tanto. Embora o "pau-de-tinta" com certeza tenha tido participação no batismo do território oficialmente descoberto por Cabral, a palavra "brasil" é repleta de significados – e muito mais antiga que o nome da árvore. De fato, uma das tantas ilhas mitológicas espalhadas pelo Mar Tenebroso se chamava Hy Brazil. Era um território lendário, associado com a trajetória de São Brandão, místico irlandês que, no ano 565 da era cristã, tinha partido para o oceano em busca de uma terra sem males. Depois de terrível peregrinação náutica, o religioso enfim chegou a uma ilha "movediça, ressonante de sinos sobre o velho mar". Batizou-a de Hy Brazil, a Terra da Bem-Aventurança. Brazil provém da palavra celta "bress", origem do inglês "bless" – que quer dizer "abençoar". Portanto, o nome do Brasil nasceu não só da árvore abatida aos milhões, mas também de uma ilha abençoada. A certeza de que a ilha do Brasil de fato existia era tal que, até 1624, expedições ainda eram enviadas a sua procura e o nome podia ser visto em mapas desenhados em 1721 por respeitáveis cartógrafos europeus.

As Conseqüências

Quais as conseqüências da descoberta de Cabral? No momento em que sua viagem se encerrou, os únicos resultados que realmente despertaram a atenção e o interesse de Portugal foram aqueles obtidos na Índia. O vasto território encontrado na margem ocidental do Atlântico continuou sendo Pindorama, a Terra das Palmeiras dos povos tupis. Embora tratassem de cartografar a nova terra – e também dessem início ao comércio de pau-brasil –, os portugueses levariam mais de 30 anos para voltar os olhos para a América. Por isso, durante os primeiros 50 anos que se seguiram à descoberta, a relação entre europeus e nativos foi pacífica. Em troca dos utilíssimos objetos de metal, os indígenas não apenas forneciam pau-brasil como supriam os estrangeiros com mantimentos. Movidos por seus próprios interesses e em função de conflitos intertribais, alguns povos (como os tupiniquins e os tabajaras) se aliaram aos portugueses; outros

Acima: Xilogravuras de Frei Anré de Thevet, 1575. Acervo Biblioteca Mario de Andrade, SP, Brasil.

(como os potiguaras e os caetés) firmaram aliança com os franceses. Os franceses não aceitavam a validade jurídica do Tratado de Tordesilhas e, por isso, mesmo "contra" a lei, vinham ao Brasil em busca de pau-brasil. A efetiva incorporação de Pindorama ao circuito mercantil estabelecido por Portugal só se daria por volta de 1550 – e como forma de conter o avanço dos franceses.

Frei André de Thevet

Assim que se instalaram como colonos no Brasil – primeiro a partir de 1535, com o início das capitanias hereditárias; depois, em 1549, com a instalação do Governo-Geral –, os portugueses deram início à grande lavoura canavieira. Meio século já se passara desde a descoberta de Cabral, e só aí o Brasil começaria a se revelar, aos olhos lusitanos, como a mais reluzente jóia de seu vasto tesouro de conquistas ultramarinas. Era o único território propício para sediar um processo colonizatório: na África, os lusos tinham sido vencidos pela barreira das febres tropicais e pelo clima insalubre; no Oriente, pela presença de civilizações ancestrais. Por outro lado, foi com o início da colonização e da implantação dos canaviais que começou o genocídio dos indígenas. Como necessitavam de braços para a lavoura, os portugueses passaram a capturar os nativos

– e, em vários casos, romperam alianças com tribos aliadas a eles havia mais de meio século, como os tupiniquins. Além da escravização, os tupis sucumbiram também às doenças trazidas da Europa, contra as quais não haviam desenvolvido defesas naturais. O morticínio indígena abriu caminho para o tráfico negreiro. Centenas de milhares de escravos africanos foram trazidos para o Brasil. E assim surgiu o país mestiço e mesclado, rico e pobre, da diversidade e dos contrastes. Aquele que deveria ser, no imaginário dos indígenas, a "Terra Sem Males".

Desenho de Hans Weigel in **Praecipvorun Popvolorum**
(Nuremberg, 1576)

Para Viajar mais

Existem muitos livros sobre o descobrimento do Brasil. Os dois melhores são o clássico escrito por Capistrano de Abreu em 1900 e o estudo publicado pelo contra-almirante. Max Justo Guedes em 1968. Ambos foram reeditados recentemente: "O Descobrimento do Brasil", de Capistrano de Abreu, foi republicado pela editora Martins Fontes em 1999. "O Descobrimento do Brasil", de Max Justo Guedes, foi relançado em 1998 pelo Ministério da Marinha. Outra fonte primordial para o estudo da viagem de Cabral é o capítulo "O Descobrimento do Brasil por Pedro Álvares Cabral", também escrito por Max Justo Guedes e publicado no Volume I da História Naval Brasileira. Uma fonte igualmente indispensável e a monumental "História da colonização Portuguesa do Brasil", editada por Carlos Malheiro Dias e publicado em Portugal em 1921.

Sobre a história de Portugal e os descobrimentos ultramarinos, a bibliografia é bastante vasta. Duas ótimas e completíssimas histórias de Portugal são "Nova História de Portugal", publicada sob a direção de Joel Serrão e A. H. de Oliveira Marques (Editorial Presença, 1998) e "História de Portugal", direção de José Mattoso (Editorial Estampa, 1993). Sobre os descobrimentos portugueses, são especialmente recomendáveis: "Lisboa Ultramarina", organizado por Michel Chandeigne (Joge Zahar Editores, 1992) e "Os Descobrimentos

Portugueses", obra em 7 volumes, escrita pelo grande Jaime Cortesão (Imprensa Nacional, Lisboa, 1997). Um ótimo estudo sobre o dia-a-dia a bordo dos navios do século 16 foi feito por Paulo Miceli em "O Ponto Onde Estamos" (Ed. Scritta, 1994). As cartas de Pero Vaz de Caminha e Mestre João já receberam várias edições. As duas mais recentes são altamente recomendáveis: "Os Três Únicos Documentos do Descobrimento do Brasil", organizada por Paulo Roberto Pereira (Lacerda Editores, 1999) e "As Cartas do Brasil", organizada por Henrique Campos Simões (UESC, Ilhéus, 1999).

Sobre os povos Tupi, alguns dos melhores livros são: "História dos Índios do Brasil", organização de Manuel Carneiro da Cunha (Cia das Letras, 1990), "A Religião dos Tupinambá", de Alfred Metraux (Cia Edit. Nacional, 1972) e "A Organização Social dos Tupinambá" (Difel, 1949).

O Autor: Eduardo Bueno

Eduardo Bueno é jornalista e escritor. É autor dos livros *A Viagem do Descobrimento*, *Náufragos, Traficantes e Degredados* e *Capitães do Brasil*, que fazem parte da coleção "Terra Brasilis" (Ed. Objetiva), *Pau-Brasil* (Ed. Axs Mundi) e *Brasil, uma História* (Ed. Ática), entre outros. Com grandes tiragens, seus livros contribuem para a divulgação e popularização da história do Brasil.

O Ilustrador: Edgar Vasques

Edgar Vasques é arquiteto, jornalista e desenhista, autor de vários livros de cartum, histórias em quadrinhos, humor e caricaturas. Ganhou diversos prêmios nacionais e internacionais. É criador do personagem "Rango".

Coleção **L&PM** POCKET